DANIEL POUGET

Ethnologue, fondateur du musée des Civilisations à Saint-Just-Saint-Rambert dans la Loire et conservateur des musées foréziens, Daniel Pouget s'est toujours intéressé aux ethnies les plus menacées de la planète. Ces quarante dernières années, ce grand voyageur a participé à de nombreuses missions pour le musée de l'Homme et les musées foréziens qui l'ont mené, entre autres, en Chine, en Indonésie, en Océanie, en Afrique, au Groenland et en Laponie. Actuellement, il vit dans un ancien couvent du Forez qu'il a restauré et où en organisant des expositions richement documentées, il partage ses souvenirs de voyage.

Daniel Pouget est l'auteur d'une quinzaine d'ouvrages, notamment sur les Bushmen du Kalahari, les Papous de Nouvelle-Guinée, les hommes bleus du Sahara, les indiens Oyampis de Guyane et les Inuit. *L'esprit de l'ours : croyances et magie inuit* a paru en 2004 aux Éditions Présence Image. Chez le même éditeur paraîtront en 2006 : *Le confident du ciel* et *Les voyages d'un apothicaire orientaliste (1773-1795).*

L'ESPRIT DE L'OURS

Photos, textes et dessins de Daniel Pouget

DANIEL POUGET

L'ESPRIT DE L'OURS

Croyances et magie inuit

Présence Image Éditions

ISBN : 978-2-266-15534-2

À Noulajiouk,
déesse de la mer.

Laura

« Vivre et découvrir chaque matin le jour merveilleux qui se lève et la lumière qui se répand sur le monde. »

Remerciements

C'est le plaisir qui a précédé la conception de ce livre. La générosité manifestée par de nombreuses personnes, le temps et le soin qu'elles ont accordés à ce travail sont inimaginables.

Que Marie Cuadros Pouget, pour l'aide apportée à la rédaction finale de ce texte, trouve ici l'expression de toute ma gratitude.

Mes remerciements s'adressent aussi à :
Fabienne Malavasi,
Hélène Grosmollard,
Jane Fassolette,
Christelle France,
Michèle Poncet.

J'exprime ma profonde gratitude à celle qui fut le témoin privilégié de cette vie inuit, « Laura la chamane ». Dès notre première rencontre, elle m'a accordé toute sa confiance, les informations qu'elle a toujours accepté de me fournir contribuèrent à donner à ce récit une ampleur qui n'était pas prévue au départ.

Daniel POUGET

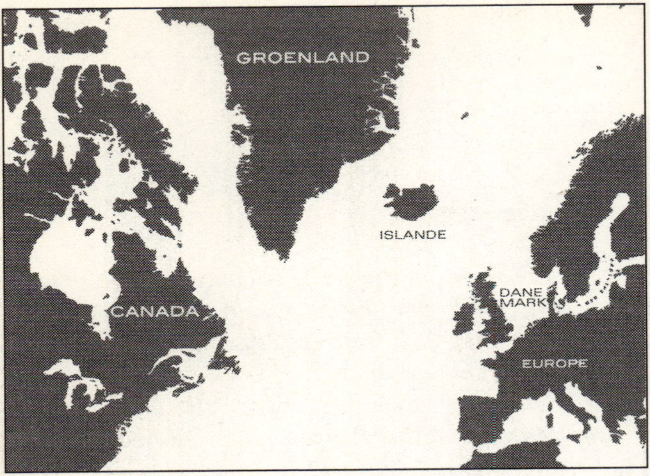

Le Groenland

Régime politique: division administrative autonome du Danemark à l'étranger.
Capitale: Nuuk (Godthåb)
Superficie: 2 186 000 km carrés, soit 4 fois la France
Monnaie: couronne danoise
Climat: polaire avec des hivers très frais et des étés frais à froids

Près de cinquante fois plus vaste que le Danemark, sa « mère patrie », le Groenland ne représente que 1 % de sa population. La plus grande des îles de la planète est couverte à 85 % par un manteau de glace qui présente une épaisseur moyenne de 1 500 m. Les zones libres de glace abritent des plaines argileuses et sablonneuses, mais seules les côtes rocheuses sont habitées.

C'est le Viking Erich le Rouge qui lui donne le nom de Groenland, et y établit une colonie, en 980, qui atteindra une population de 5 000 habitants, mais disparaîtra au XVe siècle lorsque le climat connaîtra un chute sensible.
L'île devient colonie danoise en 1721, puis partie intégrante du Danemark en 1973, avant d'obtenir un statut d'autonomie interne totale en 1981.

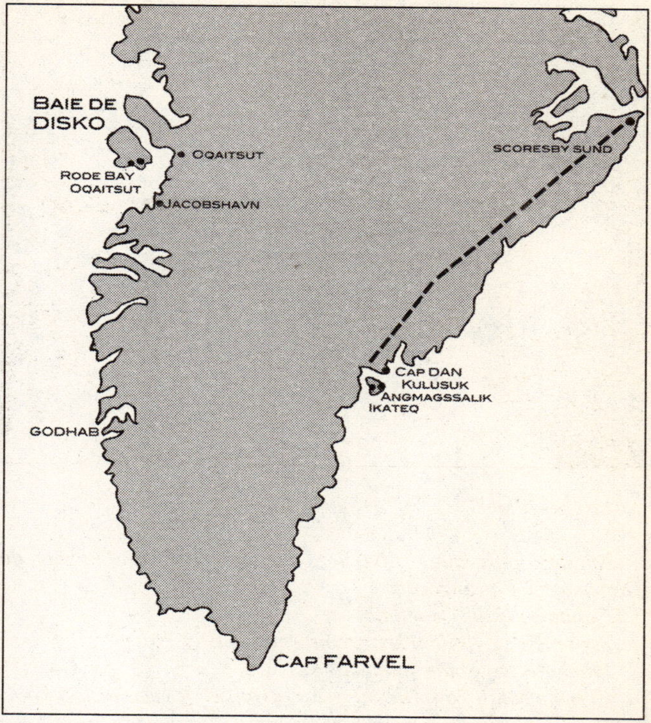

Aujourd'hui, la plupart des Groenlandais sont d'origine inuit et danoise et vivent difficilement entre ces deux mondes. Dans les villes, l'alcoolisme, les maladies vénériennes et le suicide sont omniprésents. La moitié des recettes publiques provient de subventions de l'État danois.

Anok

« Notre bonheur est de ne rien désirer d'autre qui ne soit offert par la nature à chaque saison. Cette nature ne peut ni se tromper, ni nous tromper. »

AVERTISSEMENT

ESKIMO : terme qui signifie « ceux qui mangent de la viande crue ». Ce surnom fut donné au XVIIIe siècle par les Indiens Algonquins qu'un missionnaire français avait évangélisés et qui propagea cette appellation pour les populations vivant dans le Grand Nord canadien et au GROENLAND.

L'orthographe de ce terme est des plus fantaisistes. Comme le précise Paul-Émile Victor, actuellement, il convient d'écrire le mot tel qu'il s'écrit en ethnologie soit : un Eskimo – une Eskimo – des Eskimo –, mais dans le langage courant, nous écrivons un Eskimo – une Eskimo – des Eskimos.

La plupart des termes eskimos employés dans l'ouvrage sont retranscrits phonétiquement en français, cela peut donc entraîner quelques modifications d'orthographe, que le lecteur veuille bien nous en excuser.

Aujourd'hui nous utilisons le terme INUIT qui signifie « les hommes ».

PROLOGUE

Un jour de juin 1995, à Rodebay
(côte ouest du Groenland)

Je n'étais pas revenu en ces lieux depuis près de trente ans, c'est à la fois un temps très long et très court, selon les événements ou les étapes qui ont marqué tout ce temps de vie.

Il est à peine huit heures du matin. L'hélicoptère qui fait la liaison entre la base de Sondrestomfjord et Rodebay vient juste de me débarquer dans ce petit village de la côte ouest du Groenland. Toute la région qui entoure cette modeste agglomération a pour nom « baie de Disko ». À cette heure matinale du mois de juin, le soleil illumine déjà les sommets montagneux leur donnant une couleur rose tout à fait curieuse, alors que les glaciers sont encore peints d'un bleu très sombre. Le fjord, lui, est encombré d'icebergs qui étincellent telles des poignées de diamants. Le moment est féerique et majestueux, d'autant que, pendant la courte nuit, le vent s'est tu. Il se repose, mais tout à l'heure il reparlera. Les goélands profitent de cette accalmie pour repartir, dans un discret bruissement d'ailes, vers le large. Leur image se reflète dans l'eau miroir.

L'atterrissage de l'hélicoptère a réveillé les très nombreux chiens qui, tout en s'étirant, pleurent en crescendo, mais soudain ils font un silence curieux et inattendu, pour ensuite repartir de plus belle en un véritable concert de jappements.

Mon émotion est grande de retrouver ces lieux après une si longue absence. Mon regard dérouté ne sait où se poser. La lumière, qui, peu à peu s'intensifie, transforme les espaces et les volumes.

Je reste là, contemplatif, comme si, depuis ma dernière visite, tout s'était figé durant ces longues années, cela pour mon seul plaisir. Un bruit insolite me ramène à la réalité, c'est le grondement de l'énorme chaos des glaces qui, poussées les unes contre les autres, se chevauchent pour ensuite se fracasser contre les rives. Ces morceaux de banquise, toujours en mouvement, sont émaillés d'icebergs, grands comme des maisons de dix ou vingt étages. Les chiens aussi ont recommencé à gémir, de plus en plus fort. Attachés en groupe et par traîne, ils commencent à avoir très faim et le font savoir.

L'Inuit n'est pas un lève-tôt. Aucune silhouette n'est visible autour des maisons. Les longues soirées passées à parler, à danser, à boire et à s'amuser ne laissent que peu d'heures de sommeil, aussi les réveils sont-ils difficiles.

Je saisis l'occasion pour redécouvrir ce village, où je constate que peu de chose ont changé depuis ma dernière et lointaine visite. Il porte le nom de Oqaitsut, ce qui signifie « les cormorans ». J'avoue que, malgré le froid intense de l'hiver, il est préférable d'arriver à Rodebay à cette saison-là car le lieu est encore tout recouvert de neige et de glace. Dans cet univers de cristal, seules se détachent les petites maisons de bois, aux couleurs vives. Le paysage est alors un merveilleux tableau, tandis qu'en cette période quasi estivale de l'année, les glaces et la neige ont fondu autour des maisons, laissant place à de nombreux détritus et objets en tout genre dont personne ne prend la peine de se débarrasser. Même les rochers du village sont recouverts de *matidak*, la vieille graisse pourrie, plus collante que la glu. Tout est poisseux, tout dégage une odeur fétide, écœurante. Plus je m'approche des maisons, plus les chiens grondent. Ne connaissant pas mon odeur, ils expriment leur hostilité. Aussi j'évite leur proximité, restant attentif à ceux qui, par hasard, n'auraient pas été attachés. Comme personne ne donne encore signe de vie, j'en profite pour me promener dans le village.

Les maisons, assez éloignées les unes des autres, ont une forme presque identique, seule leur couleur diffère. Devant chacune d'elles des claies de bois de plus de deux mètres de haut ont été construites, dessus y sont remisés les traîneaux, les kayaks ou tout simplement le squelette de ceux-ci. S'ils sont disposés aussi haut, c'est pour les soustraire à la voracité des chiens. D'autres claies sont utilisées pour faire sécher le poisson.

Je recherche surtout une maison de couleur jaune, celle où j'ai vécu lors de mes derniers séjours. Il s'agit de la maison d'Anok et Cécilia, ce couple qui m'avait si bien accueilli et qui m'avait prodigué une chaleureuse amitié. Heureusement, autrefois, j'avais fait une multitude de photos, et grâce à ces témoignages, je n'ai pas eu de mal à repérer la petite habitation qui n'a absolument pas changé, à un détail près, la couleur jaune mal entretenue est devenue bien pâle. En m'approchant, je m'aperçois que c'est la seule maison du village dont la cheminée laisse échapper un mince filet de fumée. J'en conclus que la maison est toujours habitée. Cela m'incite à frapper à la porte. N'obtenant aucune réponse, je décide d'aller m'asseoir au soleil pour attendre la sortie de l'un des occupants. Je me souviens alors de mes amis qui m'ont tout appris des règles nécessaires pour vivre, et surtout survivre, dans cet univers de froid qu'est le Groenland. À l'époque ils m'ont fait découvrir les gestes indispensables du quotidien, tout en m'initiant aux coutumes d'hier et d'aujourd'hui.

Par la parole, ils m'ont transmis l'histoire de leur peuple. Anok et Cécilia, et leurs trois enfants, n'étaient pas originaires de cette région, ils venaient même de très loin, c'est-à-dire de la côte est du Groenland, et plus précisément de la région d'Ikateq. Suite à un différend avec le pasteur d'Angmagssalik, ils avaient été contraints de venir s'installer sur la côte ouest du Groenland. Anok, homme d'expérience, formidable chasseur de phoques et de baleines, avait très vite été apprécié dans son nouveau village, il y avait même acquis une grande notoriété. D'ailleurs, grâce à sa générosité, on l'avait désigné chef du village et, depuis, sa réputation était devenue légendaire.

Avec Anok, j'avais alors appris à approcher les chiens, à me servir d'un traîneau, d'un kayak, d'un harpon, à me déplacer sur tous les types de terrains. Il m'avait même initié à la circulation entre les icebergs au moment où les eaux sont libres de glace. De son pays qu'il connaissait parfaitement, il m'avait fait approcher la faune, découvrir la flore, connaître les conditions et les réactions climatiques. Il m'avait également enseigné comment faire les prévisions du temps à court terme, cela afin d'éviter certains risques au moment des déplacements qui s'avèrent être toujours délicats par mauvais temps. Avide de connaissances, j'avais profité pleinement de l'expérience de ce merveilleux maître.

Grand consommateur d'alcool, Anok, au cours des longues soirées, développait une verve sans égale et s'avérait posséder des talents de conteur incontestables. En plus de l'intérêt de tout connaître sur le passé, il savait déclencher les rires et les émotions. Souvent ivre mort la veille, dès le lendemain, il était toutefois frétillant pour repartir à la chasse ou à la pêche. Chaque fois, il déclarait : « Je suis le seul Inuit à avoir tué deux baleines d'un seul coup ! »

La vie de Cécilia, elle, était plus calme. En plus de s'occuper de leurs trois enfants, grâce à ses conseils, et aux soins médicaux et paramédicaux qu'elle avait appris auprès d'un *angakok*, un sorcier, de la côte ouest, elle rendait de nombreux services aux habitants du village. Rapidement, sa réputation de guérisseuse avait dépassé les limites de Rodebay. On venait de très loin pour se faire soigner par cette femme qui avait le don de guérir ou, tout au moins, de diminuer la souffrance. De ce temps-là, je me souviens aussi d'un Danois, Block Poulsen, le fondateur et l'instituteur de la petite école du village. Un personnage haut en couleur, dont le rire tonitruant faisait hurler les chiens, et Dieu sait s'ils sont nombreux à Rodebay ! Ce grand buveur de bière, auquel je m'étais lié d'amitié, me transmit sa connaissance en matière de langue inuit. Les quelques rudiments appris me furent bien nécessaires pour m'immerger dans cette population. De tous ces personnages, j'ai toujours gardé des souvenirs fabuleux. Malheureusement, les obligations de la vie m'ont empêché d'être un visiteur assidu et un ami fidèle.

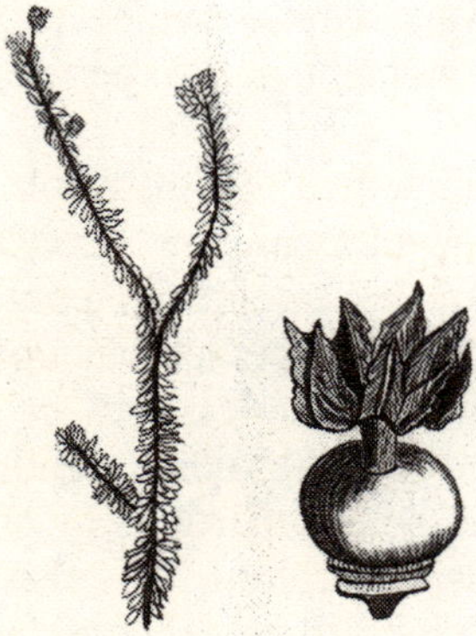

*En avril, le soleil devient incandescent. Sa lumière se réverbère sur la neige étincelante, la faisant disparaître au-delà des crêtes. L'*ivik*, l'herbe par excellence, apparaît sur les pentes recouvertes l'hiver d'un épais manteau de neige. Lorsque le sol s'y prête, l'herbe forme un épais tapis. Pour les Inuit, l'*ivik *est importante, ils la ramassent, la font sécher pour pouvoir l'utiliser plus tard, en hiver, souvent pour mettre au fond des bottes.*

En 1980, quelques années après, je suis retourné à Rodebay. Poulsen, l'instituteur, toujours présent, était sur le point de repartir au Danemark, afin de profiter d'une retraite bien méritée. Au cours de cette visite, il m'annonça le décès d'Anok. Malgré son grand âge, l'homme n'avait jamais hésité à poursuivre les baleines en kayak. Aussi, un jour, n'ayant pas pris la précaution de mettre son tablier de kayak, il avait eskimoté, c'est-à-dire qu'il avait embarqué de l'eau glacée, et il y était resté dedans durant tout le temps du retour jusqu'au village. Il était mort de ce coup de froid. Cécilia, longtemps demeurée prostrée, n'avait pas tardé à dépérir et était morte de chagrin.

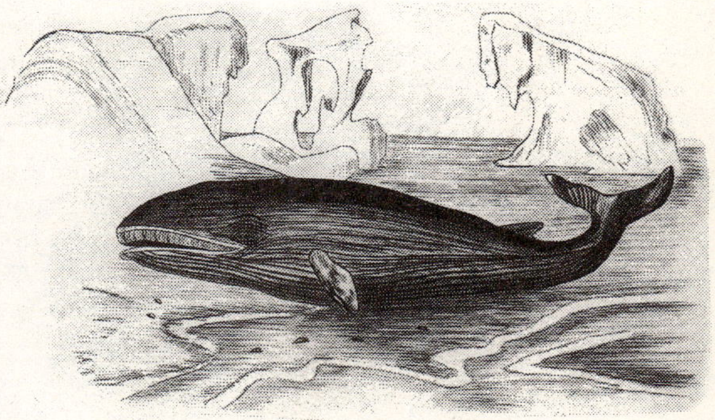

Rorqual

Leurs enfants qui jusqu'alors vivaient près de leurs parents s'étaient dispersés. Le Danois savait que Laura était retournée à Angmagssalik, sa région d'origine. Depuis aucun n'avait plus jamais donné signe de vie. Ces disparitions avaient plongé le village dans la tristesse, car quasiment d'un seul coup, Rodebay avait perdu toute une famille unanimement appréciée. Moi-même, affligé par d'aussi mauvaises nouvelles, j'ai réagi violemment en affirmant que jamais je ne reviendrais dans ce village où j'avais passé d'excellents moments grâce à Anok et Cécilia, et à tous les autres.

Bien souvent, on dit que le temps apaise les plus grandes douleurs. Cela est certainement vrai, puisque quelques années après, me voici de retour, méditant sur mes souvenirs, qui, bons ou mauvais, sont tous auréolés des brumes du passé.

RENCONTRE AVEC LAURA

Avec pour fond sonore les hurlements des chiens devenus presque continus, plongé dans ma méditation, j'ai perdu la notion du temps. Mon regard fréquemment se pose sur la porte d'entrée de la petite maison jaune, lorsque, soudain, il est accroché par l'apparition d'une silhouette qu'il m'est difficile de reconnaître au premier coup d'œil. Je n'hésite donc pas à m'approcher de cette personne. C'est elle qui m'accueille, en prononçant le petit nom que jadis m'avaient donné ses parents : Danou ! Subitement, je comprends que je suis en présence de Laura.

Je ne résiste pas au plaisir de la serrer dans mes bras et de frotter mon nez contre le sien, comme nous avions coutume de le faire au bon vieux temps et comme le veut la pratique inuit.

Bien sûr, je ne lui dis pas que, physiquement, je la trouve

Laura, jeune fille

changée. Il se peut d'ailleurs qu'elle ait le même sentiment à mon égard. L'un et l'autre, nous resterons discrets sur la question. Pour l'instant, nous sommes tout à la joie de cette rencontre, l'échange des nouvelles est engagé.

J'éprouve une certaine difficulté à me réadapter à ce langage. Je demande donc à Laura de s'exprimer plus lentement, afin que je puisse comprendre l'essentiel de ce qu'elle a à me dire. Tout en parlant, elle m'entraîne à l'intérieur de la maison. Là aussi, rien n'a changé, je retrouve les espaces toujours aussi encombrés, peut-être un peu plus encore, car le rangement n'est vraiment pas la préoccupation première de nos amis inuit, et Laura n'échappe pas à la règle.

Comme si tout se bousculait, tellement la joie des retrouvailles est grande, d'une manière chaotique, désordonnée, elle me redit plusieurs fois les mêmes choses en insistant sur son âge, presque soixante ans déjà, la mort de ses parents, puis la difficulté à vivre à Angmagssalik, ses études sur la magie et la médecine traditionnelle, et enfin son retour à Rodebay. Actuellement, elle cherche à faire revivre sa mère, en pratiquant, comme elle, la médecine traditionnelle auprès de gens qui, parfois, viennent la consulter de très loin. Son flot de paroles semble intarissable. Amusé, je l'observe, quand soudain, reprenant son souffle, elle pose son regard sur moi, et, avec un brin d'inquiétude me demande :

« Combien de temps vas-tu rester à Rodebay ? »

Pris un peu de court par cette simple question, je lui réponds que je ne suis que de passage. Face à la tristesse qui alors inonde son visage, je regrette cette réponse hâtive, je me sens obligé d'ajouter que je resterai certainement un peu plus que prévu.

Tandis que le village s'anime, un ami de Laura, venu en quête d'un conseil et intrigué par ma présence, s'en est allé porter la nouvelle. Sans perdre de temps, certains, attirés par l'étranger, n'hésitent pas à franchir le seuil de la maison jaune, sans même frapper, telle est la coutume inuit. Chacun s'avance dans le minuscule corridor, et lance d'une voix tonitruante son nom, son surnom. Personnellement, j'ai du mal à reconnaître les gens, surtout les jeunes. Laura leur explique qui je suis et, à mon attention, désigne les nouveaux arrivants en précisant :

« C'est le fils ou le petit-fils d'Un tel. »

Toute cette première journée ne sera qu'un incessant défilé d'hommes et de femmes parmi lesquels je reconnais quatre anciens ; eux aussi affirment se souvenir de moi. Chaque fois, tandis que les bières circulent, des accolades chaleureuses sont échangées. Les rasades d'alcool sont susceptibles de raviver encore plus les souvenirs. Pour les nuits à venir, tous souhaitent m'accueillir chez eux, mais connaissant les inconvénients d'une telle invitation, je leur réponds que je préfère, si possible, demeurer seul dans une maison libre, s'il y en a. J'ai de la chance car, actuellement l'une d'entre elles est inhabitée depuis plusieurs mois. Son propriétaire est en voyage au Danemark.

Pendant le repas que je prends en tête à tête avec Laura, je me réadapte peu à peu à la nourriture bien différente de nos saveurs européennes. Au menu, viande d'ours bouillie dans l'eau de mer, le tout accompagné de nageoires de phoques frites à l'huile, dans laquelle Laura a pris soin de rajouter du gras de baleine !

Au cours de notre conversation, j'ai promis à Laura de rester plusieurs jours. J'ai pris cette décision lorsqu'elle m'a annoncé qu'elle prendrait du temps pour me parler de ses activités de guérisseuse et de magicienne. Elle précise que les habitants de la région l'appellent familièrement la « chamane ». Il n'en fallait pas plus pour attiser ma curiosité et donc me donner l'envie de prolonger mon séjour.

Au moment où enfin je me retrouve seul, et bien qu'un peu brumeux, compte tenu des quantités d'alcool absorbées, je m'organise du mieux que je peux pour passer ma première nuit dans une maison humide et peu accueillante, et cela à cause des fortes odeurs qui se sont imprégnées depuis le départ du propriétaire peu soigneux.

Dès le lendemain, avant de retrouver Laura, je m'en vais reconnaître le petit village et ses environs proches. Blotti dans le fond d'une ancienne vallée glaciaire, le fjord est dominé par une petite montagne aux sommets toujours enneigés. Cet ensemble, y compris les glaciers étincelants, se reflète dans les eaux apaisées du fjord. En cette période de l'année, les eaux sont désormais débarrassées des glaces, toutefois, de loin en loin, on peut apercevoir des icebergs qui dérivent, et qui, au soleil, scintillent tels de véritables joyaux.

Parfois, des craquements sinistres se font entendre, ils sont suivis de l'envol de tous les oiseaux de mer présents, en quête de poissons. Puis, soudain, dans un fracas étourdissant, l'un des énormes morceaux de glace plonge dans la mer, créant ainsi d'énormes vagues que les chasseurs de phoques redoutent tant. La rupture des glaces, phénomène généralement d'une rare violence, déclenche un raz de marée engloutissant tout sur son passage y compris les frêles embarcations que sont les barques et les kayaks.

Le chaud soleil de juin incite les hommes et les femmes à s'activer plus que durant la saison hivernale. Pendant le bref répit que leur accorde la froidure de l'hiver, tous en profitent pour effectuer les multiples réparations nécessaires autour des maisons : entre autres, il faut renforcer les soubassements à l'aide de tourbe, et repasser plusieurs couches de peinture sur les parties en bois.

Le Groenlandais est d'un naturel plutôt pragmatique, il ne s'encombre pas de problèmes intellectuels pouvant le perturber. De par son aspect physique, il ne peut renier ses ancêtres mongols. Petit, de taille moyenne, trapu, plutôt gras, le poil brun, le visage plat aux pommettes saillantes, les membres courts, il est solidement bâti pour résister aux conditions climatiques exceptionnelles. D'un tempérament gai, voire moqueur, il est doté d'une patience à toute épreuve. D'autre part, il possède un sens de l'orientation, de l'observation et de l'adaptation à toutes les situations, qui sont hors du commun. L'Inuit est un être sensible, grand poète, il sait arranger toutes les histoires, le moindre événement est susceptible d'engendrer un conte ou une légende. Profondément superstitieux, il s'attache aux manifestations insolites. D'ailleurs, avant d'agir, il s'inquiète des moments favorables ou défavorables. Attaché aux croyances traditionnelles, il n'hésite pas, malgré les interdits des pasteurs protestants, à fréquenter les chamanes, à participer à des séances de magie et à se rendre dans des lieux considérés magiques et bénéfiques à sa survie. Cette manière d'être inuit nous fait mieux comprendre l'importance de Laura, « la chamane », héritière d'une importante connaissance qu'elle-même a développée grâce à un don naturel mais aussi grâce à sa capacité à vivre ces pratiques.

Voyant que l'heure a tourné, je me dirige à nouveau vers la petite maison jaune, bien décidé à interroger Laura sur ses croyances qui, à plus ou moins brève échéance, sont vouées à la disparition. Les Inuit, à présent, participent totalement à notre monde moderne : depuis quelques décennies, ils ont vu apparaître les produits européens et américains et sont totalement au fait des techniques de pointe. Ainsi, peu à peu, ils se sont détournés des coutumes ancestrales. Malgré tout, dans certains villages, des familles ont freiné cette avancée, parfois même elles l'ont complètement dédaignée. Des hommes et des femmes, comme Laura, ont vu leurs pouvoirs s'accroître, leurs connaissances se développer au point d'être très respectés par tous. Chez ceux qui les reconnaissent, peu de gens hésitent à les fréquenter et à utiliser leur savoir.

Face aux religions officielles, le chamanisme et ses pratiques auraient, depuis longtemps, dû disparaître, mais au fond de chacun de nous, les racines qui nous relient aux mondes obscurs dont nous sommes issus sont toujours bien présentes. Aussi, de ce fait, tous les enfants inuit nés dans notre monde de l'Internet savent encore qui est Nouliajouk, déesse de la mer et de tout être vivant. Sans cesse, ils y font référence dans leurs jeux, dans leurs moments de joie ou de peine. Plus tard, devenus adultes, et toute leur vie, ils garderont à l'esprit la force de cette croyance.

Arrivé au seuil de la maison, Laura est là, qui m'attend, souriante, accueillante, égale à elle-même. Je la retrouve et l'observe un moment : une vraie Inuit, courte, trapue, avec son visage rond, des yeux de laque, bridés, les ans n'ont pas trop ravagé ses traits. Surtout, à l'inverse de beaucoup de femmes de son âge, elle a gardé toutes ses dents, pas encore usées à mâcher les peaux. Bien qu'il soit rare, son sourire reste lumineux. Comme il y a un beau soleil, nous restons devant la petite habitation de bois et ainsi, nous profitons pleinement des chauds rayons de l'astre divin. L'été est tellement court qu'il faut en jouir pleinement. Je sors mon carnet de notes car je sais que, maintenant et les jours suivants, Laura va devenir l'intarissable conteuse de son histoire.

HISTOIRE D'UNE VIE...

Sans doute te souviens-tu encore de l'histoire de ma naissance que Cécilia, ma mère, t'a racontée maintes fois. Les douleurs de l'accouchement l'avaient prise à un moment où Anok, mon père, était parti à la chasse à l'ours. Mes parents, en cette année 1942, habitaient sur la côte est du Groenland, à Angmagssalik. C'était le début de l'*aussauvok*, l'été. La saison d'hiver, qui s'était attardée de manière inhabituelle, avait laissé une banquise très épaisse, empêchant les grandes chasses aux phoques qui, généralement, se déroulent durant le printemps. De ce fait, les réserves de nourriture étaient presque épuisées. Mes parents, comme tous les autres, attendaient le dégel des lacs et des rivières et la fracture de cette banquise, pour pouvoir s'approvisionner en phoques et en poissons.

Laura, enfant

À cette époque, Anok recherchait tout ce qui pouvait être chassé, et notamment les animaux à fourrure. Il lui fallait une grande quantité de peaux pour rembourser les nombreuses dettes qu'il avait contractées dans l'unique boutique du village, où il avait acheté un fusil et d'autres marchandises très chères. Tous ces produits arrivaient d'Europe, où la guerre faisait rage alors.

Si Anok osait affronter les ours, c'est que leur peau, d'un blanc immaculé, représentait toujours un bon prix. Les ours, véritables forces de la nature, savent très bien se défendre des hommes et des chiens.

Aussi, bien que mon père possédât un bon fusil, les munitions étaient de mauvaise qualité, souvent donc la chasse s'achevait par une lutte de corps à corps, entre l'homme et l'ours. Cette fois-ci, Anok avait beaucoup bataillé. Ce fut grâce à l'aide de ses chiens qu'il avait réussi à maîtriser l'ours ; à bout de forces, épuisé, dans un ultime sursaut, il avait poignardé l'animal. Le combat avait été titanesque, d'ailleurs le corps tout entier d'Anok était couvert de blessures et plusieurs de ses chiens avaient été tués.

Mais la récompense avait été de taille : Anok avait eu intacte la peau de ce géant, avec, y compris, les griffes de l'animal qui ont beaucoup d'importance dans nos pratiques magiques. Ma mère, en douleurs, ne voyant pas revenir Anok, avait fait appel à certaines femmes du village. Cécilia m'a toujours dit que mon accouchement avait été très difficile. Elle avait pourtant bien suivi les prescriptions des femmes plus âgées qui lui avaient conseillé de sortir très tôt chaque matin, pour inviter le fœtus à naître vite et bien. Quand ma mère avait ressenti les premières douleurs, elle avait dénoué ses cheveux et les lacets de ses bottes évitant ainsi que le cordon ombilical ne se noue autour du cou de l'enfant qu'elle portait. Des femmes venues l'aider lui tenaient les mains, pendant que deux autres lui comprimaient fortement le ventre, afin de faciliter l'expulsion de l'enfant de sa maison utérine. Malgré tous ces efforts, je n'arrivais pas à sortir. On fit donc appel à une très vieille femme qui, en plus d'être réputée pour ses pouvoirs magiques, était connue pour avoir permis de nombreux accouchements dans le village.

La vieille femme arriva avec une boîte contenant de la graisse de baleine. Après en avoir enduit le vagin de ma mère, et après avoir murmuré des incantations incompréhensibles pour toutes les présentes, elle fit fortement pression sur le ventre.

Ma mère hurlait et, tout à la fois, riait de satisfaction car j'apparus enfin en poussant, paraît-il, des cris perçants. Selon la coutume, le cordon ombilical fut noué avec une petite aiguille taillée dans la défense du narval. Tout mon corps fut nettoyé des souillures de l'accouchement avec diverses dépouilles d'oiseaux, principalement des mergules de mer et des goélands. Ces dépouilles furent ensuite découpées en petits morceaux qui devinrent des amulettes, que l'on distribua selon les besoins. La très vieille femme qui avait contribué à ma venue au monde demanda, telle une requête à ma mère, que je porte son nom qui était Iglaoüt. Mesurant tout ce que cela impliquait, sans l'ombre d'une hésitation, ma mère accepta. Désormais mon destin était scellé, ma vie et celle de cette femme ne faisaient qu'une. D'un seul coup, j'héritais de ses dons, de son expérience, de sa longévité. Tous les gens du village s'adresseraient à moi, avec respect et déférence, comme lorsqu'ils s'adressaient à cette vieille femme. En outre, comme elle avait la qualité de chamane, je devenais chamane moi aussi. D'ailleurs, durant les premières années de ma vie, elle a souvent été à mes côtés, surveillant mes faits et gestes et profitant de cette intimité proche pour me transmettre, peu à peu, ses pouvoirs. Autre fait marquant de ma naissance, lors de l'expulsion du ventre de ma mère, le ciel était couvert. Ce temps est idéal pour la chasse, activité principale des hommes de chez nous. De ce fait, je devenais aussi une protection pour les chasseurs, j'étais un *arnaautuq*, une sorte de garçon manqué.

La nouvelle de ma venue au monde avait vite fait le tour du petit village et arriva même jusqu'aux oreilles du pasteur qui, deux jours après, rendit visite à ma mère. Cet homme grassouillet, vêtu de noir, avait un rire qui sonnait faux. Après avoir pris brièvement des nouvelles de ma mère et de son enfant, il avait demandé à Cécilia quel prénom elle pensait me donner. Ma mère lui dit que je portais déjà le nom de la vieille chamane. Le pasteur effaça alors le rictus de son visage et déclara que tout cela n'était que des coutumes du passé, aujourd'hui révolues. Sans même laisser place à la remarque, il enchaîna en rappelant qu'à présent nous étions protestants. Je porterais donc le prénom de Laura. D'ailleurs la cérémonie de baptême aurait lieu à l'occasion de l'office du prochain dimanche. Ma mère, qui craignait beaucoup ce pasteur, affolée, terrorisée, n'avait émis aucune protestation tant le ton était péremptoire.

Laura, jeune fille

Anok rentra de la chasse une semaine après ma naissance. Fou de joie de connaître sa fille, il m'avait alors prise dans ses bras, m'élevant au-dessus de sa tête. Heureux, il avait, cependant, fait une petite remarque à ma mère, lui disant sa déception de ne pas avoir eu un deuxième fils, c'est-à-dire un futur chasseur, un pourvoyeur de gibier et de peaux. La venue d'un fils, c'est aussi l'assurance d'une descendance nombreuse. Il ne faut pas oublier que mon père était d'une génération qui avait connu les grandes famines. Ces périodes avaient été si difficiles que certaines familles, au désespoir, avaient été obligées de sacrifier des enfants, en particulier les filles, qui, à la naissance, sont toujours plus nombreuses que les garçons.

Pour arroser mon arrivée dans ce monde et son bonheur d'être à nouveau père, Anok avait, paraît-il, bu de grandes quantités d'*imiak*, la bière locale, en y ajoutant de larges rasades d'alcool vendu au comptoir du village. Ma mère tenta bien de le raisonner, rien à faire, Anok ne cessait de boire. Mais lorsqu'elle aborda l'histoire du pasteur, à propos de mon nom de baptême, mon père, qui n'avait pas l'esprit encore totalement embué, réagit et prit une colère magistrale. Anok n'aimait pas du tout ce pasteur moraliste, dont les conseils allaient contre la tradition et la mentalité inuit. Le pasteur imposait un mode de vie et de religion que mon père et les autres villageois n'admettaient pas du tout. Sa colère et son refus d'accepter une telle décision n'y firent rien. La loi était du côté du pasteur danois. Je fus donc baptisée : je porterais à jamais le prénom de Laura.

Ma mère m'a toujours raconté qu'à partir du jour de mon baptême, mon père, comme pour se consoler de quelque chose, eut un comportement de plus en plus désagréable et incompréhensible. Il ingurgitait de plus en plus de bière et d'alcool et, dès que la vente des peaux lui rapportait un peu d'argent, aussitôt, il achetait, au comptoir, une multitude de produits venus du Danemark, en plus des fusils et des munitions, qui alourdissaient toujours plus le poids de ses dettes. Ma mère, clairvoyante, essayait souvent de lui parler, de le raisonner afin d'éviter tous ces achats inutiles. Anok devenait hermétique à toutes les mises en garde de son épouse. En plus, les hivers très rudes de ces années-là avaient réduit la présence du gibier. Les chasses s'avéraient difficiles et peu fructueuses.

Selon ce que m'a raconté ma mère, j'ai été une enfant très complexe, avec une santé souvent défaillante. Autant Qutdlicssat, mon frère aîné, était un garçon vaillant, ne posant aucun souci, autant mon état général était une source d'inquiétude et de tracas pour mes parents. Le pasteur, qui régulièrement visitait les familles, avait remarqué ma mauvaise santé. Comme à Angmagssalik il y avait un dispensaire et une infirmière, il obligea mes parents à m'emmener en consultation. Des piqûres me furent prescrites. Chaque fois, selon ma mère, l'infirmière me faisait hurler de douleur tant cela m'était insupportable. Malgré ce traitement, aucune amélioration ne fut constatée. Encore une fois, Anok entra dans une grande colère, maudissant les Danois qui se mêlaient de la vie des Inuit. Mais, en ce temps-là, nous étions bien obligés de subir.

Après les longues nuits d'hiver, durant lesquelles règne un froid intense, le printemps finit par faire une timide apparition, laissant présager un très net radoucissement du temps. Le retour de *skinek*, le soleil, fut salué par tous tel un immense bonheur, une fête fut même organisée. Mon père, comme de coutume, but beaucoup ce jour-là. Brusquement, il prit la décision de partir avec deux ou trois autres chasseurs pour une grande expédition de chasse à l'ours. Malgré les remarques de Cécilia, opposée à ce départ, Anok, sans attendre, organisa la traîne en prenant ses chiens. Jamais rien ni personne ne pouvait le détourner de ses décisions. Rapidement, sans se soucier des craintes qui habitaient ma mère, il nous fit ses adieux et, avec ses comparses, démarra en poussant d'énormes cris de joie. Tels des enfants, dans ces moments, les hommes se réalisaient pleinement, ils retrouvaient ce qui a toujours été leur plaisir. À travers cela, les instincts fondamentaux des Inuit ressurgissaient dans le contact avec la nature, le goût de vaincre cette nature et d'être le meilleur des chasseurs. Désormais, Cécilia avait deux raisons d'être inquiète : elle voyait s'éloigner Anok qui partait en prenant d'énormes risques, la laissant avec moi et mes problèmes de santé. Même l'infirmière du dispensaire se disait impuissante à me guérir.

Enfin, au terme de trois mois passés dans l'inquiétude, par une belle journée de juin, tout le village fut réveillé par des cris. C'était Anok et ses compagnons qui revenaient de leur longue sortie de chasse. En cette saison, à cause du manque de neige, nos chasseurs avaient fait glisser leurs traîneaux sur l'herbe grasse des collines environnantes. Les traîneaux étaient devenus difficiles à diriger, car ils étaient très lourdement chargés de divers paquets de peaux de lièvres, de renards, et surtout d'ours.

Le temps des retrouvailles à peine terminé, immédiatement, les femmes disponibles du village s'étaient emparées des peaux pour les traiter. En prévision du retour, chacun avait fait d'importantes réserves d'urine, produit indispensable au tannage des peaux. Ma mère racontait toujours ce moment avec émotion. Autour de notre maison, disait-elle, régnait une odeur fétide, tout n'était que graisse et morceaux de viande. Peu importait, avant tout il fallait nettoyer les peaux avant de les présenter aux responsables du comptoir. Dans cette tâche difficile où la dextérité des femmes comptait beaucoup, ma mère bénéficiait de l'entraide de toutes. Telles sont les règles communautaires chez nous, les Inuit. Grâce à cette chasse fructueuse et de qualité, soudain, toutes les dettes de mon père furent effacées. Comme l'aimait Anok, une fête fut organisée pour célébrer leurs exploits. L'*imiak*, la bière, fut consommée en grandes quantités.

Mon père et ses compagnons étaient intarissables sur leurs relations de chasse : gestes à l'appui, face à un auditoire tout ouïe, ils imitaient la démarche sautillante des lapins des neiges, mimaient la ruse du renard, mais surtout ils évoquaient avec réalité la force et la férocité de l'ours.

Moi qui m'éveillais à cette vie, je participais à tout cela sans en perdre une miette, calée, bien au chaud, dans le capuchon de l'*amaoutik* de ma mère. Comme d'habitude, la soirée se termina fort tard. Ivres morts, certains des hommes mais aussi des femmes s'étaient endormis à même le sol de notre maison. Les autres invités, également bien éméchés, tardaient à partir. Seule ma mère, toujours maîtresse d'elle-même, fut assez forte pour chasser ceux qui, par leurs ronflements sonores, nous empêchaient de dormir. Quant à Anok, épuisé par les derniers jours de chasse et par la consommation abusive d'alcool, lui aussi était plongé dans un profond et bruyant sommeil.

Dès le réveil, mon père fut informé de tout ce qui s'était passé durant mon absence. Ma mère insista sur mon état de santé qui, malgré tous ses efforts et ceux de l'infirmière du dispensaire, ne cessait de s'aggraver. Mon père, attentif aux paroles que lui rapportait Cécilia, parut plus soucieux en ce qui me concernait. Même s'il ne nous le montrait pas ouvertement, Anok nous aimait beaucoup, aussi souhaitait-il notre bien-être avant tout. D'un naturel brusque et inattendu, et après une réflexion qui dura toute la journée, il conclut que nous quitterions Angmagssalik pour Ikateq, notre village d'origine.

Groupe de macareux moine

Face à la stupéfaction de ma mère, il évoqua le souvenir, là-bas, d'une femme chamane. Cette guérisseuse possédait une multitude de pouvoirs et savait également utiliser les charmes magiques. Sans doute seraitelle capable d'éloigner ma maladie. D'ailleurs ajouta-t-il à l'adresse de ma mère et, comme pour la convaincre, toutes les dettes du comptoir avaient été réglées. La famille n'avait donc plus de raison de rester dans ce village que ni Anok ni Cécilia n'aimaient vraimen,t, et surtout, une autre raison non avouée poussait Anok à partir : il n'appréciait guère la présence du pasteur danois qui constamment lui faisait la morale.

Nos bagages furent vite faits. Sans dire un mot à Cécilia, Anok nous prépara pour le voyage. Il avait trouvé un propriétaire d'*oumiak*, grande embarcation traditionnelle, faite de bois et de cuir, dans laquelle toute la famille put prendre place. Pressé, comme chaque fois qu'il décidait quelque chose, Anok avait choisi de voyager par mer. Par voie terrestre, cela aurait été bien difficile, car en cette période de l'année, il n'y avait plus suffisamment de neige et de glace pour la glisse des traîneaux.

Rorqual rostré

C'est par une belle matinée du mois de juin qu'avec mon frère et mes parents, les traîneaux et les chiens, nous avons embarqué pour Ikateq. Malgré mon jeune âge, ce voyage a marqué mon esprit. Dans les eaux limpides du fjord, la navigation était calme. Nous longions les hautes montagnes, Anok, souriant et satisfait, pensant agir pour le mieux, ne cessait de dire : « *Krakamout*, nous partons vers la montagne ! »

En revanche, sitôt que nous eûmes passé la pointe de Qortortok, en direction de l'île du Cap Dan, la mer devint agitée, secouant en tous sens notre *oumiak*. J'étais malade, je n'arrêtais pas de hurler, mais cela dura peu car, dès que nous aperçûmes les premières maisons de Kulusuk, les eaux se calmèrent. Pour mon premier voyage en mer, j'avais très mal supporté les désagréments du bateau, et il en fut toujours ainsi. Jamais je n'ai aimé ce moyen de transport. Chaque fois que j'ai eu à affronter la mer, cela a toujours été très difficile.

Après quelques jours de navigation, nous avons aperçu les côtes d'Ikateq. Tout en approchant, mon père et ma mère, confortés dans leur décision, vantaient les mérites de la région. Mon frère et moi étions beaucoup trop jeunes pour juger des différences avec Angmagssalik. Excepté quelques enfants qui, en s'amusant, nous faisaient des signes de bienvenue, personne ne vint à notre rencontre. Il y avait trois ans que notre famille avait quitté les lieux.

Anok et le patron de l'*oumiak* eurent beaucoup de mal à accrocher le bateau aux énormes rochers qui bloquent le point d'accostage. Sans plus savoir vraiment pour quelle raison, mon frère ne cessait de hurler, je me souviens cependant que ses cris étaient si forts et si soutenus qu'ils alertèrent tout le monde. Curieux de ce qui se déroulait, certains s'approchèrent de la berge. Dès que l'on nous eut reconnus, chacun sortit alors de sa réserve, les visages s'éclairèrent, les rires fusèrent et tous nous aidèrent à débarquer de l'*oumiak*. J'étais enfin à Ikateq, berceau de mes origines.

RÉFLEXIONS DE L'AUTEUR

Pour me raconter tout cela, Laura fait de gros efforts de mémoire, elle semble maintenant épuisée et surtout elle a faim ! Silencieusement, elle finit sa soupe d'ours. Humant l'odeur de cette nourriture, je décline son invitation à partager le modeste repas. Je lui donne donc rendez-vous le lendemain pour poursuivre l'évocation de ses souvenirs.

La soirée me paraît interminable, j'ai du mal à m'endormir. Je repense au récit de Laura, il me rappelle des instants de vie de Cécilia, sa mère. L'émotion, pour moi, est profonde. Je me souviens de ce couple extraordinaire qui, à l'époque, quelques années en arrière, m'avait accueilli comme l'un des leurs. Cécilia me répétait sans cesse : « Je suis ton *anäna*, ta mère. »

Pendant tout le temps où je suis resté chez ce couple, Cécilia m'a toujours dispensé ses précieux conseils. Une telle présence est rassurante dans ce milieu hostile où, parfois, les hommes sont rudes. Chez les Inuit, généralement, on n'hésite pas à mesurer la capacité de l'autre en lui tendant des pièges. Ignorant beaucoup des choses de cette vie, bien malgré moi, j'étais souvent l'objet de plaisanteries. Selon notre vieux dicton,

« c'est en forgeant que l'on devient forgeron », si je voulais devenir un Inuit, il fallait que j'en fasse l'apprentissage. Avec le temps, le souvenir des difficultés s'efface. Aujourd'hui, de cette période-là, je n'ai retenu que les meilleurs moments.

Ayant trouvé le sommeil en compagnie de mes amis de jadis, c'est après une bonne nuit que le lendemain matin, avec plaisir, je retrouve Laura afin de continuer nos entretiens.

LA VIE À IKATEQ

Les premiers temps suivant notre arrivée à Ikateq, la vie ne fut pas facile pour nous. Nous habitions la petite maison des parents adoptifs d'Anok. Là, nous vivions les uns sur les autres.

Raclage des peaux à l'aide du oulou

Conscient de cela, mon père avait dans l'idée de construire une maison de pierre et de tourbe, mais il passait beaucoup trop de temps à pêcher et à chasser. Chaque fois, le projet était remis au lendemain. Quant à Cécilia, ma santé la préoccupait toujours plus. Elle décida donc d'aller voir une *arnak*, c'est-à-dire une femme ayant des pouvoirs magiques, qui habitait à quelques kilomètres de notre village. Cette femme m'observa longuement, compte tenu de mon jeune âge, cela fut pour moi une véritable épreuve.

Ma mère, patiemment et longuement, expliqua mon caractère complexe, ajoutant que je n'étais pas une enfant comme les autres : bien que très curieuse des choses de la vie, j'étais renfermée, taciturne, volontairement solitaire. En plus, poursuivait ma mère, depuis quelque temps, à ces défauts, j'associais un comportement étrange qu'elle assimilait à une démence précoce. La chamane écoutait ma mère sans l'interrompre. Son regard, lui, ne me quittait pas. Cécilia continuait en expliquant que, souvent, j'avais des cauchemars durant mon sommeil, parfois même il s'agissait d'hallucinations. Lorsque ma mère se tut et que le silence retomba dans la pièce, la chamane appliqua ses mains sur moi. Instantanément cela m'apaisa. Elle donna à ma mère de la poudre de *kajaussat*, une fleur qui ne fleurit qu'au mois d'août.

Je devais en prendre plusieurs fois par jour, diluée dans de l'eau. Elle conseilla également de me faire boire beaucoup de jus de *poukouket*, du jus d'airelle, mélangé à du sang de phoque frais.

Après cette consultation un peu particulière, ma mère semblait plus sereine. Scrupuleusement, elle m'administra ce traitement. Au bout de dix jours, ma santé était, paraît-il, bien meilleure. Quant à mon caractère, il se dégradait de plus en plus. J'étais parfois dans un état proche de l'épilepsie. Dès que mon frère m'approchait, je devenais littéralement hystérique. De même, comme je craignais beaucoup mon père, lorsque quelquefois il me prenait dans ses bras, soit pour jouer, soit pour me manifester son amour paternel, immédiatement je versais toutes les larmes de mon corps. Du fait qu'Anok n'avait aucune patience, il me reposait alors brutalement au sol, ce qui avait pour conséquence d'accentuer mes pleurs.

Je ne sortais presque jamais de la maison. Cécilia tentait bien de me mettre en contact avec les autres enfants du village, mais soit je les frappais, soit nous nous battions très méchamment. Plus le temps passait, plus je devenais agressive à l'égard des autres. Seule ma mère pouvait m'approcher ; en plus j'en étais arrivée à éprouver de morbides symptômes incontrôlables. Les chiens de mon père, qui, parfois, venaient solliciter un peu de nourriture, me connaissaient : ils s'approchaient de moi avec prudence, redoutant à chaque instant une de mes actions. Un jour, je m'emparai d'un couteau d'Anok qui traînait au sol, et bien qu'encore enfant, j'eus la force de le planter dans l'un des chiens qui, grièvement blessé, s'enfuit en hurlant bruyamment. Anok adorait ses chiens. Quand il comprit ce que je venais de faire, il entra dans une colère telle que j'eus droit à une correction magistrale. C'est un fait rare chez les Inuit qui, en général, détestent appliquer à leurs enfants ce genre de traitement. Les cris de la maisonnée ameutèrent le village : tous furent ainsi informés de mes problèmes. Désormais tous connaissaient ma méchanceté. Les enfants, eux, me fuyaient encore plus.

Cécilia souffrait beaucoup de mon comportement, elle déplorait de ne pouvoir trouver un remède efficace à mon état. En outre, les parents adoptifs d'Anok, chez lesquels nous vivions, n'avaient à mon égard que des reproches. Ils caressaient l'envie de nous voir repartir au plus vite.

Tous ces événements obligèrent ma mère, une fois de plus, à me reconduire chez l'*arnak*. Cécilia croyait en la magie, elle pensait qu'une nouvelle préparation calmerait ces états nerveux qui, sans cesse, me dominaient.

Comme la première fois, l'*arnak* m'observa longuement sans rien dire, et comme la première fois, cela eut pour effet de déclencher en moi une nouvelle crise de fureur, mais l'*arnak* ne se détournait pas de ses investigations. À la fin de la journée, elle livra ses conclusions à ma mère :

« Ton enfant n'est pas malade, elle est possédée par des esprits. Il te faut agir vite car ta fille est en danger. Si cela persiste, elle risque, soit de devenir complètement folle, soit de mourir. Je n'ai qu'une solution à te proposer, confie-la-moi pendant quelque temps, je pense pouvoir trouver quelque solution pour transformer les mauvais esprits qui l'habitent en esprits positifs. Je lutterai avec elle contre l'invisible et lui transmettrai l'enseignement pour qu'à son tour, comme moi, elle devienne une chamane. »

Face à une telle annonce, ne sachant que dire, que faire, ma mère demeura perplexe. Jamais elle n'avait songé à un pareil diagnostic. Certes, la solution envisagée ne lui plaisait pas du tout, mais il lui fallut bien se résoudre à l'accepter. Elle expliquerait à Anok, elle lui ferait comprendre, et puis tous deux, par-dessus tout, ne désiraient qu'une chose : ma guérison. Elle me laissa donc en compagnie de l'*arnak.*

Mes premiers jours chez cette femme furent très difficiles. Je hurlais et je réclamais ma mère, je voulais rejoindre ma famille. Je n'étais encore qu'une enfant, je ne savais pas trop pour quelle raison ma mère m'avait abandonnée comme je le pensais. Peu à peu, la chamane sut transformer et maîtriser l'énergie rageuse qui m'habitait et se manifestait par des crises, voire des transes. Auprès d'elle, je passais d'un état de petite fille en constante révolte à celui d'une élève disciplinée et studieuse. Petit à petit, je m'attachais à cette femme qui était en contact permanent avec les esprits et les âmes des ancêtres pour les faire revivre dans un monde sacré. En l'écoutant, en vivant à ses côtés, j'apprenais de la bouche même de cette vieille chamane les méthodes et les recettes propres aux croyances qu'elle développait. Je suis restée deux ans avec Hilla la chamane. Hilla signifie « le pilier du ciel ». Du reste, c'est un peu ce qu'elle représentait pour mon équilibre.

Cécilia me rendait de fréquentes visites, ainsi j'avais des nouvelles de notre famille. Mon père, égal à lui-même, poursuivait ses rêves de chasse : il avait commencé à initier mon frère aîné à cette discipline, et, selon les dires de ma mère, il était également très doué. Je savais aussi que les relations avec le reste de la belle-famille, malgré mon départ, ne s'étaient toujours pas apaisées.

Pour la énième fois, Anok avait amorcé la construction de notre maison, il avait commencé par monter un petit rempart fait de pierres et de tourbe, et s'en était arrêté là. À nouveau, il exprimait le désir de regagner Angmagssalik, ce que redoutait profondément ma mère qui connaissait son penchant pour l'alcool. Elle imaginait par avance les dettes accumulées au comptoir des boissons. Et surtout, elle craignait les affrontements avec le pasteur. Donc, pour rester à Ikateq, elle évoquait mon absence pour raison de santé.

Mon père, pendant mes deux années de placement chez Hilla, ne me rendit jamais visite. Je savais pourtant que ses parcours de chasse ne le conduisaient pas très loin. Mais un matin, je fus toute surprise de le voir apparaître sur le seuil de la maison d'Hilla. Sans préambule, il m'annonça qu'il venait me chercher, car nous retournions tous vivre à Angmagssalik, je devais donc suivre ma famille dans ce long voyage. Hilla savait qu'il était encore trop tôt pour m'éloigner d'elle et fit tout ce qui était en son pouvoir pour empêcher la séparation. J'étais en pleurs et poussais de stridents cris de colère contre ce père inattendu. Anok s'était toujours vanté de ce que rien ne lui résistait : une nouvelle fois, il en donna la preuve, en m'arrachant littéralement des bras d'Hilla. Tout se passa très vite, sans même le temps des explications, sans même la possibilité de donner quelques conseils me concernant. Tout fut si brusque qu'en partant ils se maudirent mutuellement. Je me souviens d'avoir fait la promesse à Hilla de revenir dès que je le pourrais. Cette séparation, intervenue dans des conditions aussi difficiles, fut cependant atténuée par le plaisir de revoir ma mère.

Deux jours après, nous étions de nouveau dans un *oumiak* en direction d'Angmagssalik.

Comme Cécilia l'avait prévu, arrivé là-bas, Anok se retrouva face au pasteur. Le temps passé n'avait pas diminué la violence et l'incompréhension qui opposaient les deux hommes. Le pasteur nous signifia clairement que nous n'étions pas les bienvenus. Il ajouta qu'au village il n'y avait aucune maison disponible, il nous fallait donc vite repartir. Il précisa même que la semaine suivante un bateau danois passerait. Sans doute serions-nous admis à son bord, pour, à nouveau, effectuer le trajet en direction de la côte ouest. Là, ajouta-t-il, Anok pourrait, s'il le souhaitait, trouver un travail de pêcheur et ainsi enfin Cécilia et les enfants auraient une belle maison en bois, bien moderne avec tout le confort qu'offraient, en général, les Danois.

Frère de Laura

L'errance continuait. Sans perdre de temps et afin de ne pas sombrer dans le désespoir, il nous fallait trouver un port d'attache. Quelques jours après, dans la matinée, un strident coup de sirène réveilla les habitants d'Angmagssalik, tous se précipitèrent vers le port pour constater qu'à l'entrée de la passe conduisant en direction de la haute mer, un gigantesque bateau avait jeté l'ancre. Les *oumiak* qui nous paraissaient très grands étaient, ce jour-là, ridiculement petits à côté de ce navire. Comme nous l'avait ordonné le pasteur, sans insister, nous avons refait nos bagages.

À bord, bien malgré lui, Anok se sépara de sa meute de chiens qui fut enfermée dans les cales du bateau. Il y avait peu de voyageurs, aussi le départ fut rapide.

Je me souviens que nous sommes repassés devant l'île de Kulusuk, mais cette fois nous partions pour un plus long voyage. Notre émotion était grande en voyant disparaître les côtes de notre région d'origine. Fidèle à ses habitudes, et comme pour masquer son chagrin, Anok riait, plaisantait, buvait de la bière avec d'autres, mais au fond de moi, je savais qu'il était très peiné de quitter cet endroit où il était né, peut-être même, se doutait-il déjà que plus jamais il ne reviendrait là.

INSTALLATION À RODEBAY

Le voyage fut très long, car le bateau, tel un omnibus, s'arrêtait dans tous les villages côtiers pour commercer les diverses marchandises transportées, mais aussi pour y laisser ou prendre des passagers. La vie à bord était cependant joyeuse. Naturellement mon père était devenu l'animateur, il amusait

Phalacrocorax carbo, *cormorans veillant sur les côtes*

tous les présents. Toutefois, une seule chose ne nous convenait pas, il s'agissait de la nourriture proposée. Cette cuisine danoise n'avait pour nous ni goût, ni saveur. Heureusement, prévoyante, Cécilia avait emporté une énorme quantité de phoque salé.

À bord, il y avait un Danois, qui n'était ni pasteur ni fonctionnaire. Il était là pour découvrir notre pays et étudier les coutumes de notre peuple. Cet homme travaillait pour l'une de ces maisons que vous appelez musées. Il vivait à Copenhague, la capitale, et passait beaucoup de temps à parcourir le Groenland. Il interrogeait, dans leur langue, les Inuit sur leurs coutumes et leur passé. Après quelques jours passés ensemble à bord, il avait incité mes parents à lui parler de notre mode de vie. Sur ce sujet, Anok était intarissable, d'autant plus que la bière danoise vendue à bord était bien plus forte que notre *imiak*. Le Danois avait compris qu'en offrant une certaine quantité de ce breuvage à mon père, il pourrait obtenir un maximum de renseignements. Cécilia, elle, n'hésitait pas à raconter la vie traditionnelle des femmes.

En quelque sorte, grâce à ses explications, cet homme nous faisait découvrir notre pays comme jamais nous ne nous y étions intéressés. Il nous commentait la formation de cette grande île qu'est le Groenland, et des glaciers qui le caractérisent. Avec force détails, il nous commentait la vie des oiseaux séjournant le long des côtes et celle des animaux marins peuplant la mer Arctique. Ces explications nous passionnaient, nous qui, jusqu'alors, avions considéré ces animaux comme des moyens de survie pour la nourriture qu'ils nous procuraient et pour les vêtements que nous réalisions avec leurs fourrures.

Un jour, nous avons aperçu un ours qui, posé sur un iceberg, se prélassait au soleil. Immédiatement, cela eut pour effet d'exciter l'instinct de chasseur d'Anok. Cela ne servait à rien de tirer un coup de fusil car, du fait de la hauteur du bateau, il aurait été impossible de récupérer l'animal. Ayant réussi à raisonner mon père, le Danois se lança alors dans une longue et captivante explication sur la vie des ours. J'étais, malheureusement, bien jeune pour tout comprendre, mais, quelques années plus tard, j'ai eu la chance de revoir cet homme, je l'ai beaucoup questionné, ses connaissances étaient immenses.

Plus tard, tandis que nous passions au large du cap Farvel, ce savant nous fit remarquer que le lieu était historique pour les Danois. C'est ici que leurs lointains ancêtres, les Vikings, avaient découvert pour la première fois l'existence de notre pays. Ils l'avaient baptisé Groenland, « la terre verte ». À bord, nous avions pris nos habitudes, le voyage se déroulait donc dans les meilleures conditions possibles. Seule, Cécilia ma mère, montrait quelque inquiétude, appréhendant par avance le moment où il nous faudrait quitter le bateau pour nous installer dans une nouvelle vie.

Le pasteur d'Angmagssalik nous avait recommandé de nous arrêter à Jakobshavn, village où l'un de ses amis y était également pasteur. Il avait même remis à Cécilia une lettre de recommandation, afin que nous soyons bien accueillis à notre arrivée.

C'est un peu perdus, au milieu des marchandises, des meutes hurlantes de chiens, de gens inconnus et indifférents, que nous avons débarqué dans ce lieu qui allait devenir notre nouveau cadre de vie. Au premier abord, rien ne provoqua en nous de grande surprise. Le village ressemblait à Angmagssalik. Les mêmes petites maisons colorées, la même ambiance active où chacun vaque à ses occupations, sans se soucier des autres. Beaucoup de poissons plats, sans doute des flétans, séchaient accrochés aux claies de bois.

La région, toutefois, paraissait moins montagneuse qu'Angmagssalik. Le village était construit dans un vallon. Du coup, il apparaissait beaucoup plus grand ; une imposante église en marquait le centre. Mon regard fut immédiatement attiré par cette construction dont le clocher peint en rouge vif brillait au soleil. À proximité de cette église se trouvait la maison du pasteur, et c'est là que nous nous sommes dirigés. Cet homme, beaucoup plus plaisant que son confrère, nous accueillit très chaleureusement. Il nous souhaita la bienvenue, tout en nous désignant une maison située non loin où nous pourrions séjourner. Se tournant vers mon père, il lui expliqua qu'il lui faudrait travailler, comme tous les autres habitants du village, participer aux pêches, et pratiquer le séchage et le conditionnement des poissons. Cette activité constituait le seul revenu possible de la communauté. Anok soudain s'assombrit, il ne dit rien, n'émit aucun avis, mais il se renferma sur lui-même, et cela n'était pas dans ses habitudes.

Nos premiers jours à Jakobshavn ne furent pas trop difficiles, on ne nous demandait rien. Anok, très vite, avait repéré l'endroit où l'on vendait la bière et l'alcool. Ici, il n'hésitait pas à boire plus que de raison. Peu à peu, au grand désespoir de ma mère, le petit pécule que nous avions fondait comme neige au soleil.

Dans cette région, les territoires de chasse étaient peu nombreux. Pour cette activité, il fallait envisager de très longs déplacements car le gibier, sur cette partie de la côte, était rare. J'en ai connu les raisons un peu plus tard : en réalité, cela était dû au fait que les Américains, au cours de la dernière guerre, avaient installé là une importante base aérienne. Aussi, le bruit constant des décollages et des atterrissages des avions avait fait fuir le gibier. Du point de vue des ressources, il ne restait donc dans cette région que la pêche. Mon père, Anok, était essentiellement doué pour les chasses terrestres, il maîtrisait mal l'utilisation des kayaks et des bateaux. C'est pour cela qu'il ne s'était pas exprimé à notre arrivée lorsque le pasteur l'avait informé de l'activité du village. Anok n'était pas un excellent pêcheur et notre situation, à nouveau, devenait précaire, les dettes s'accumulaient. Malgré les avertissements répétés de Cécilia, Anok ne changeait rien à son mode de vie, il était oisif et sans but.

Le pasteur, au fait de la situation, vint à notre secours : prenant mon père à part, il lui fit une proposition :

« Je sais que dans le petit village de la baie de Disko, il y a une maison disponible. Toi et ta famille vous pourriez vous installer là-bas où tu pourrais t'adonner à la chasse car les phoques sont nombreux. D'autre part, tu pourrais également t'améliorer dans l'utilisation du kayak. Avec ces embarcations, il te serait possible de poursuivre les phoques et même les baleines qui, chaque année, au moment de leur migration passent non loin des côtes. Il faut te ressaisir,

Harfang des neiges

tu dois subvenir aux besoins de ta famille, tu dois les aider, je sais que tu en as la volonté, et que tu as le courage d'affronter cette nouvelle vie. Je suis sûr que toi, Anok, un véritable Inuit, tu es capable de devenir le meilleur des chasseurs de baleine de tous les temps. »

Écoutant ces conseils, basés sur une réalité quotidienne difficile pour nous, mon père prit conscience de ses manquements, de la dérive dans laquelle il nous entraînait ; aussi ces flatteries le séduisirent. Mais ce qui retint le plus son attention, c'était l'opportunité de pouvoir redevenir le grand chasseur qu'il était jadis et de pouvoir agir en toute liberté, ce qui n'avait pas été possible à Jakobshavn en tant que pêcheur communautaire.

LA BAIE DES CORMORANS

Nous étions en avril, les premiers rayons du soleil réchauffaient la banquise qui commençait à se fracturer le long des côtes. La navigation redevenait enfin possible. Grâce à un gros bateau de pêcheurs. Il s'agissait en fait d'une sorte de brise-glace, nous avons pu, en suivant la côte très découpée, atteindre la fameuse baie des Cormorans. Le spectacle qui s'offrait à nous était magnifique. Sous un soleil éclatant, le bateau, tout en évitant les énormes icebergs, brisait la banquise qui dérivait et s'écoulait vers le sud, immuable, irrésistible. Le son, tout aussi impressionnant que l'image, faisait que ces masses de glaces brisées par l'étrave du bateau se soulevaient pour ensuite retomber dans un véritable fracas sur la banquise encore solide. Les connaissances en navigation du capitaine devaient être considérables pour franchir sans risque de tels amoncellements de glace. Nous étions tous sur le pont du navire, fascinés par cet exploit de chaque instant mais aussi tiraillés par la peur de ce qui pourrait arriver si, par malheur, l'étrave du bateau se brisait.

Malgré un beau soleil et un ciel dégagé, le froid, très vif, nous saisissait. Emmitouflés dans nos chaudes fourrures, nous savions bien que l'homme n'est pas maître du temps, il ne peut l'asservir, il ne peut que s'en protéger. Au détour d'une découpe de la côte, dans le lointain, nous avons vu surgir Oqaitsut, Rodebay. Cela nous était désormais coutumier, à notre arrivée, personne ne nous attendait.

Mon père, occupé au débarquement de sa meute de chiens, n'avait pas les mêmes préoccupations que Cécilia qui, désespérément, cherchait du regard la petite maison jaune évoquée par le pasteur. Heureusement le village n'était pas très grand, et c'est sans trop de peine que ma mère fit le repérage des lieux : quelques heures après, nous étions déjà tous affairés à l'installation dans notre nouveau cadre de vie.

Sans doute parce que j'étais jeune et parce que j'étais une fille, j'étais toujours aux côtés de Cécilia, j'aimais ma mère qui, malgré mon caractère encore très difficile, me le rendait bien. C'est lors de l'installation dans notre nouvelle maison que je m'aperçus que quelque chose avait changé dans le comportement de ma mère. Elle semblait avoir quelques difficultés à se mouvoir et à accomplir les différentes tâches quotidiennes. Je remarquai que son ventre avait pris de l'ampleur. En réponse à mes interrogations, elle m'annonça :

« Tu auras un petit frère, ou une petite sœur, à l'arrivée des neiges. »

Elle attendait son troisième enfant. Lorsque tout l'aménagement fut terminé, Anok redevint lui-même. Rapidement, il fut adopté par les hommes du village qui lui proposèrent de l'aider à la construction de son kayak, objet indispensable pour la pêche. Ils lui expliquèrent que malgré l'environnement – de très beaux terrains de chasse – le gibier était cependant peu abondant. Dans la région, il était donc rare de voir des ours, des renards ou même des lièvres des neiges. En revanche, ils lui précisèrent que les oiseaux de mer, au printemps, venaient nicher dans les falaises côtières. Avec un peu d'audace et en escaladant les parois rocheuses, les hommes pouvaient s'emparer des œufs frais dans les nids. Grâce à des filets, ou à des épuisettes, accrochés au bout d'une longue perche, on pouvait capturer des *agpaliarsuk*, des mergules de mer, oiseaux marins dont les Inuit sont friands. Dans leur conversation, les hommes du village ajoutèrent que les eaux de la baie étaient riches en phoques, que les *kilalungak*, les baleines, étaient souvent de passage le long des côtes, que les *tulavik*, les narvals, fréquentaient aussi les eaux de Rodebay, et en remontant bien plus haut sur les côtes, il y avait, paraît-il, des loups. L'énumération des possibilités de chasse et de pêche ne s'arrêtait pas là, tant elles étaient nombreuses, mais rien qu'en entendant cela, mon père était enchanté d'être venu vivre dans ce village. Cécilia partageait la même joie car il n'y avait à Rodebay qu'un tout petit distributeur de boissons alcoolisées et en plus, chance inouïe, il n'était pas toujours alimenté au niveau du stock...

Comme me l'avait annoncé Cécilia, dès les premières neiges, mon frère vint au monde, un bien beau bébé nommé Nalok. Je l'ai immédiatement détesté. Je ne comprenais pas que ma mère ne puisse avoir d'yeux que pour lui. Quant à mon père, il ne cessait d'exprimer sa fierté d'avoir un si beau garçon. Je me sentais rejetée. Je m'enfermais encore un peu plus sur moi-même.

Le temps s'écoulait au rythme des saisons. Les exploits de chasse et de pêche d'Anok commençaient à être très connus dans la région. Anok devenait même une référence pour le village. Dans ce milieu d'hommes rudes, peu habitués à distribuer de l'admiration, c'était un compliment. Un jour, tandis que le printemps commençait à poindre à travers de belles journées ensoleillées, les hommes décidèrent une chasse à l'ours. Ils expliquèrent à mon père que, dans le passé, un ours, un *nanok*, de très grande taille, avait tué un homme du village. Afin de se débarrasser de cet animal dangereux qui, parfois même encore, venait rôder assez près du village, menaçant femmes, hommes et enfants, les chasseurs de Rodebay demandèrent à Anok sa participation à cette expédition. Non seulement mon père accepta, mais il prit également en main la préparation de cette chasse qui l'excitait au plus haut point.

Depuis, cet événement est devenu légendaire à Rodebay. D'ailleurs, lors de soirées, on le raconte encore aux enfants. Aussi je ne peux moi-même résister une nouvelle fois au plaisir de te relater cet épisode de chasse qui a contribué à faire de mon père un véritable héros. Après cela, les habitants plébiscitèrent Anok qui devint chef du village.

Bien évidemment tous ces honneurs rejaillissaient sur nous, nous étions très fiers de notre père. Mais reviens demain, je te raconterai les deux exploits de mon père.

RÉFLEXIONS DE L'AUTEUR

Par ces mots et cette invitation pour le lendemain, Laura me ramène à la réalité du moment. Il est tard et les efforts constants pour puiser au plus profond de sa mémoire la fatiguent. Un peu de repos est nécessaire. En sortant de sa maison, je constate que des personnes l'attendent pour la consulter. Ses talents de guérisseuse et de magicienne sont réputés. Tous guettent mon départ pour, à leur tour, profiter des compétences de Laura ; en fait, pour elle, la soirée est loin d'être terminée.

Dès le lendemain matin, je viens rôder autour de la maison jaune, mais comme je le supposais, rien ne bouge. La cheminée ne laisse même pas échapper son mince filet de fumée. Laura a dû terminer très tard. J'envisage donc de faire une promenade dans le village et ses environs. Je repère un petit groupe de femmes âgées qui, assises devant l'une des maisons, sont occupées à épiler des peaux de phoques : technique que ne pratiquent quasiment plus les jeunes filles. En général, elles portent des vêtements manufacturés.

L'observation de cette scène m'amuse de plus en plus, les femmes m'invitent gentiment à m'asseoir à leurs côtés. Je retrouve là des gestes traditionnels, chers aux femmes inuit. Les tâches sont bien réparties, certaines sont occupées à retirer toute excroissance de graisse, ceci en utilisant le *oulou*, le couteau en demi-lune, tandis que d'autres enlèvent les couennes avec leur bouche. Il faut préciser que, la veille, elles avaient pris soin de faire tremper, toute la nuit, ces peaux dans une bassine d'urine, afin que les poils se détachent encore plus aisément et que les peaux ainsi traitées acquièrent une meilleure souplesse, permettant un travail plus aisé. Malgré l'odeur fétide, aucune d'entre elles ne fait la grimace : seulement, de temps à autre, leurs joues se gonflent, et à ce moment elles crachent des boules de poils sur le sol. Toutes s'amusent de ma présence, l'une m'interpelle :

« Ce n'est plus un travail de vieille femme, regarde mes dents, il ne me reste même plus un seul chicot, et les autres sont usées jusqu'à la gencive. Les jeunes ne savent plus, donc si nous voulons encore avoir de belles peaux pour nos *kamik*, les bottes, nous sommes obligées de le faire. »

En début d'après-midi, lorsque je suis revenu chez Laura, elle m'a confirmé qu'elle avait terminé bien tard avec ses patients. Par avance, je me réjouis de partager la suite des histoires concernant son père, histoires qu'Anok lui-même m'avait racontées, il y a déjà quelques années.

Laura cultive à merveille les talents de conteuse. Aussi il m'est toujours agréable de l'écouter parler avec, en plus, une foule de gestes à l'appui.

UNE CHASSE EXCEPTIONNELLE

Anok disait : « Par une belle journée de soleil, nous étions partis à *krakramout*, c'est-à-dire en direction de la montagne. Mais le soir même, la tempête, brusquement, s'était déclenchée avec de très violents vents, chargés de neige qui nous assaillaient de tous les côtés. En catastrophe, il nous fallut construire un igloo pour nous abriter des éléments déchaînés.

Le mauvais temps avait duré quatre jours. Heureusement nous avions des réserves de nourriture. Puis, au milieu des nébulosités, soudain, nous aperçûmes *kaunat*, la lune, éclaircie qui annonçait la fin de la tempête. Avant nous, nos chiens avaient perçu ce retour au calme, leur queue battait l'air tels des étendards. Ainsi ils nous montraient qu'ils étaient prêts à affronter l'univers de blancheur. À présent que le vent s'était calmé, seuls nos cris de commandement, lancés aux chiens, rompaient le silence de ces immensités. Bien vite, la conduite des meutes s'avéra quasiment impossible, leur affolement s'expliquait par la présence d'une forte et chaude odeur annonçant la proximité d'un ours. L'animal nous avait entendus et repérés depuis longtemps. L'ours, intelligent et rusé, savait que le combat à affronter serait difficile, compte tenu de la présence des chiens et de notre grand nombre.

« Les ours pourchassés essaient toujours de gagner un sommet de montagne ou de glace, lieu où les chiens ne pourront les atteindre. D'autres fois, ils plongent dans la neige, face au vent, dos au soleil pour ainsi se dissimuler ou bien ils cherchent à briser les ponts de glace pour plonger dans les eaux glacées. Dès que l'ours est en vue, le chasseur doit agir sans précipitation, avec méthode, d'autant que les chiens sont alors déchaînés, leur instinct de loup ressurgit, ils deviennent impossibles à commander.

« La poursuite dura des heures, l'ours déjouait tous nos pièges d'approche. Il était redescendu sur la banquise et se livrait avec nos chiens à une véritable partie de cache-cache à travers les blocs de glace. J'avais du mal à suivre cette course. Mes compagnons chasseurs, eux, depuis longtemps, avaient cessé la poursuite et, restés en arrière, ils avaient disparu. À ce moment, toutes mes connaissances de la chasse à l'ours acquises sur la côte ouest me revinrent.

« Mais le mauvais sort joua à cet animal rusé l'ultime tour de sa vie. En passant une rimaye, une crevasse, marquant la jointure de la glace marine avec la glace terrestre et, sans doute, à cause de son poids important, l'ours fit se rompre la mince couche de glace, il fut alors pris au piège.

« Sa force était intacte et tandis que je m'approchais pour ajuster mon tir, l'animal, ayant élargi le trou de glace, prit appui sur un gros bloc. En équilibre, furieux, il se dressa de toute sa hauteur face à moi.

« Au loin, mes compagnons qui m'avaient presque rejoint furent effrayés par ce qu'ils voyaient. Mon fusil à l'épaule, je fis partir la première balle en visant soigneusement la tête. Le coup résonna longuement dans le dédale des blocs de glace. En tirant, j'avais fermé les yeux et, en les ouvrant, j'eus la frayeur de ma vie en constatant que l'animal était toujours là, debout.

« Figé par la peur, je constatai cependant que je l'avais touché en pleine tête, le sang commençait à tacher sa fourrure, mais il demeurait droit et immobile, son regard féroce plongé dans le mien.

« Les chiens silencieux, comme s'ils mesuraient le drame qui pouvait se jouer, avaient formé un cercle autour de l'animal. Puis, dans un brusque mouvement, l'ours s'avança sur moi. Surpris, je n'eus pas le temps de réarmer mon fusil. Rapidement, avec une frénésie incontrôlée, je dégainai mon poignard que je réussis à planter dans le cœur du grand mammifère.

« C'est enlacés dans un incroyable corps à corps que l'animal s'affaissa, m'écrasant littéralement de son poids. Mes compagnons, une fois certains que l'ours était mort, me dégagèrent de cette mauvaise posture aussi promptement qu'ils le purent. En reprenant mes esprits, et en considérant l'importante taille de l'ours, je mesurai à quel danger j'avais échappé. Fièrement, je constatai que ma première et unique balle l'avait frappé au bon endroit. C'est machinalement que l'ours s'était avancé sur moi. Mon coup de poignard avait accéléré son agonie.

« De cette aventure, mes compagnons n'avaient retenu que le dernier épisode. Pour eux, seul mon coup de poignard avait tué l'animal. Soudainement, je devenais un véritable héros. Bruyamment, mes amis manifestèrent leur admiration en me portant quelques minutes sur leurs épaules. Ce moment d'intense émotion passé, nous commençâmes le dépeçage, agissant avant que le corps ne gèle sur place.

La peau si recherchée pour ses qualités thermiques fut soigneusement récupérée, tous, nous pensions aux nombreux *krasilik*, les pantalons, que l'on pourrait y tailler dedans, pantalons si chauds qu'ils sont indispensables pour affronter l'hiver. Avant la découpe de la chair, nous avions pris soin de récupérer le fiel et de jeter ce poison violent hors de la portée de nos chiens.

Gavia immer, *le plongeon imbrin*

« Puis, le traîneau fut chargé afin de rapporter cette belle réserve de nourriture au village, où elle serait consommée cuite à cause d'une maladie parasitaire dangereuse pour l'homme. Pendant le trajet du retour, mes amis me demandaient ce que je pensais faire de la peau et de la viande de l'animal. La coutume veut que la fourrure revienne à celui qui, le premier, a vu l'animal, la chair à celui qui l'a tué. Comme j'avais tout fait seul, la totalité de la chasse me revenait donc de droit.

« Mais, pour cette première chasse à l'ours à Rodebay, je souhaitais me montrer généreux, aussi je décidai de tout donner à mes compagnons, ce qui ajouta encore plus à mon auréole de grand chasseur. Je ne gardai pour moi que les griffes de l'animal, dont je connaissais le fort pouvoir magique, je souhaitais les offrir. Notre retour au village fut triomphal. J'avais débarrassé la région d'un animal dangereux pour tous ! »

RÉFLEXIONS DE L'AUTEUR

Laura, à quelques détails près, vient de me raconter la même histoire que celle que me rapporta jadis son père, aujourd'hui disparu. Anok, dès lors, prit au sein de la communauté l'importance que nous lui connaissons. Même si, à la fin de sa vie, lorsque j'avais fait sa rencontre, il s'était remis à boire et avait perdu beaucoup de ses forces, seul ce moment d'exception était demeuré gravé dans la mémoire des hommes du village. Le profond respect que tous lui prodiguaient en était le vivant témoignage.

Laura, émue par ce souvenir, laissa place à un long silence, ajoutant cependant :

APRÈS LA CHASSE, LA FÊTE !

Après le retour de mon père, le village organisa une très grande fête, l'*imiak* coula à flots dans les gorges et, à minuit, plus un seul des hommes du village ne tenait debout. Certains même, couchés sur le sol ou devant le seuil des maisons, ronflaient bruyamment.

Quelques jours après cet événement, mon père avait eu un geste plutôt rare chez lui. Il m'avait prise par la main, et emmenée loin du village. Arrivés dans la partie la plus montagneuse de Rodebay, après avoir cherché longuement, il m'avait montré un rocher brun foncé. Il m'expliqua que ce rocher était d'une couleur

Chien avec son harnais

spéciale parce qu'il se trouvait dans un endroit empreint de magie.

« Cette roche est brune parce que la foudre y est tombée dessus et l'a brûlée. Comme tu le constates, en grattant la surface, dessous apparaît la pierre verte que l'on appelle la stéatite et que les chamans utilisent pour faire de petites sculptures aux grands pouvoirs magiques. »

Les explications achevées, Anok me prit dans ses bras, et m'assit sur le rocher. Me regardant avec gravité, il me dit :

« Laura, depuis que tu es née, je t'observe et aujourd'hui, je suis sûr que tu es dotée de pouvoirs exceptionnels. Un jour tu seras une grande chamane. »

En déclamant à très haute voix cette prédiction, mon père me passa autour du cou les griffes d'ours qu'il avait lui-même montées en collier. Pour recevoir ce cadeau, j'avais instinctivement baissé la tête. En relevant les yeux, bien intimidée, j'avais croisé le regard profond de mon père qui ajouta :

Le harle bièvre

« Ce collier est doté de grands pouvoirs… Maintenant il est à toi. »

Ensuite, comme cela n'était pas habituel dans nos rapports, affectueusement, il me passa la main dans les cheveux, me regardant d'une manière étrange, comme s'il eût vu quelqu'un d'autre à travers ma personne. Jamais nous n'avions été aussi proches.

À l'aide de son poignard, il fit éclater la roche brune, atteignant ainsi la pierre verte si convoitée. Dès qu'il en eut extrait un petit morceau, il le tailla, toujours avec le même couteau. Puis, il prit une autre roche plus dure, et, par frottement, il entreprit le polissage pour finalement, avec un morceau de cuir, faire briller la pierre. Lorsque la magie de ce travail, effectué dans un profond silence, fut terminée, il se tourna à nouveau vers moi, et me dit simplement :

« Tiens, c'est à toi, garde-le toute ta vie. »

J'observais, alors la sculpture dont la forme évoquait celle d'un ours assis, légèrement affaissé sur le côté. Je distinguais parfaitement sa tête, son museau, ses yeux, j'étais impressionnée par tant de réalisme, voire un peu effrayée. Depuis mon plus jeune âge, comme une prémonition, mon père avait senti ce que j'allais devenir, quelle allait être ma personnalité.

Durant ma vie, parfois agitée, jamais je ne me suis séparée de ces deux présents auxquels j'attache la plus grande importance.

Le regard perdu dans le lointain, après un moment de silence, Laura poursuivit son récit.

Les saisons s'étaient écoulées. Je devais avoir une douzaine d'années lorsqu'un événement se produisit à Rodebay.

Un matin, nous avons vu arriver deux Danois. Immédiatement, je reconnus l'un d'eux ; c'était le Danois du musée rencontré à bord du bateau lors de notre déplacement entre Angmagssalik et Jakobshavn. Lui aussi reconnut notre famille, il nous présenta l'autre homme en disant :

« C'est Block Poulsen, un ami, il est instituteur, et il

vient ici pour ouvrir une petite école afin d'apporter l'instruction à tous les enfants du village. Faites en sorte de bien l'accueillir, il a l'intention de rester parmi vous. »

Anok, qui se considérait alors comme le chef du village, lui tendit la main, en lui disant :

« Nous voulons bien d'un instituteur, mais nous n'avons pas d'école et nous n'avons pas d'argent pour en construire une. Toutefois, pour vous, il y a une maison disponible, mais elle est bien trop petite pour y accueillir tous les enfants. »

Cette remarque fit sourire Block qui, sans attendre, répondit à mon père :

« Je savais parfaitement en venant ici qu'il n'y avait pas d'école et que vous n'avez pas les moyens d'en construire une. Aussi, avant de partir, je m'en suis inquiété auprès du pasteur de Jakobshavn qui m'a donné l'autorisation d'utiliser l'église comme salle de classe. Cela n'empêchera pas les offices du dimanche. J'habiterai dans la pièce qui sert de sacristie. »

Comme pour devancer toutes les interrogations qui auraient pu surgir, il précisa :

« Je ne suis pas venu ici pour changer votre mode de vie. Je souhaite simplement que les enfants fréquentent l'école pour qu'ils sachent lire, compter et connaître les rudiments de la langue danoise. Avec un tel bagage, ils seront armés pour se défendre dans notre monde qui change très vite. Quant à la construction de l'école, nous verrons plus tard. »

Mon père avait écouté avec attention les paroles de cet homme qui, à première vue, était très chaleureux. Invités par Anok, à l'intérieur de la maison jaune, nos deux Danois, bien volontiers, se laissèrent aller à la consommation de l'*imiak*. Les liens étaient ainsi noués.

Bien que l'instituteur fût un homme très sympathique, les débuts de l'école furent difficiles. Les enfants n'étaient habitués à aucune discipline. Il n'était donc pas aisé de leur imposer des horaires et des jours de présence. La première année ne fut pas bonne du tout, mais Block ne se décourageait pas. Au contraire, il faisait tout ce qu'il pouvait pour rendre service au village.

De tout temps, les enfants inuit ont été choyés par leurs parents : jamais d'ordres, jamais de cris, jamais de corrections. Dans cette société, tout se règle par l'apprentissage de la vie. Compte tenu de cette éducation, certains enfants étaient de véritables petits monstres. Avec toute la liberté qui leur était accordée, ils n'hésitaient pas à martyriser les personnes âgées mais aussi les animaux de l'entourage et surtout les jeunes chiots. Dans la mentalité inuit, arrivée à un certain âge, la personne devient complètement inutile, elle n'est plus qu'une bouche à nourrir, dont on ne peut rien attendre. Autrefois, les suicides des personnes d'un certain âge étaient très nombreux.

Conscients de cette situation, les enfants n'hésitaient donc pas à maltraiter les anciens. Aujourd'hui, les choses ont évolué. Des maisons d'accueil ont été créées pour les personnes âgées désormais protégées par des lois.

Jadis, rien n'était imposé aux enfants. Aussi, le fait de les enfermer toute une journée dans une salle de classe relevait véritablement du supplice. Habitués aux grands espaces de notre nature, les maintenir dans une école était une gageure. Peu à peu, la gentillesse et la compétence de l'instituteur surent gagner du terrain sur l'état d'esprit des parents mais aussi des enfants.

Moi aussi, je fréquentais cette école et déjà, je commençais à lire et à écrire le danois. Mon caractère, à ce moment-là, subit une nouvelle transformation. Je m'apaisais un peu en me jetant complètement dans ce nouveau désir d'apprendre. Je ne manquais jamais un jour d'école. Dès que je fus en mesure de le faire, je dévorai tous les livres que nous prêtait l'instituteur. Le responsable du musée danois, qui poursuivait ses recherches sur le milieu groenlandais et était arrivé en même temps que lui, était toujours là. Les deux hommes se complétaient admirablement.

Les sorties dans la nature étaient fréquentes et l'on aimait par-dessus tout ces moments, parce qu'ils étaient synonymes d'instants de liberté, mais aussi de partage avec l'homme des musées. Il vivait si fort sa passion qu'il nous la transmettait en nous faisant découvrir notre environnement autrement que nous l'avions perçu jusqu'alors. C'était formidable ! Il nous parlait également de notre lointain passé et de l'histoire

Le guillemot à miroir (Cepphus grylle), serfaq *en eskimo, est convoité pour sa chair au goût bien particulier qui se rapproche de celui du poisson dont il se nourrit.*

de nos ancêtres, surtout ceux du Groenland, du nord de la Sibérie et du nord du Canada. Il avait visité toutes ces contrées en constatant que les hommes inuit qui vivaient à des distances considérables les uns des autres avaient le même aspect physique, le même langage et les mêmes coutumes. Nous étions fascinés par ce qu'il nous racontait.

Lors du premier été à Rodebay, l'instituteur partit pour quelques jours de vacances au Danemark, l'homme des musées, lui, resta sur place. La neige et la glace avaient laissé place à une maigre végétation, aussi, pour mon plus grand bonheur, presque chaque jour, il m'entraînait à la découverte des plantes qu'il connaissait admirablement bien. Il m'apprit ainsi leur nom mais aussi leur utilité. Certaines, très peu nombreuses, étaient propres à la consommation, d'autres étaient recherchées pour leurs propriétés médicinales. En découvrant tout cela, j'étais fascinée par le nombre et la variété des plantes utiles à la vie. Toutes recouvraient nos collines ou bien se cachaient dans les creux des vallées, à proximité des eaux des fjords. Jusqu'alors, j'avais piétiné et joué avec insouciance au milieu de ces plantes sans me rendre compte de la richesse de notre nature, que beaucoup disaient inexistante à cause des conditions hivernales rigoureuses. Auprès de ce savant, j'appris non seulement à reconnaître les bonnes et les mauvaises plantes mais aussi comment les cueillir et les faire sécher. Il disait toujours :

« La plante a une âme. Elle existe avec une influence cosmique et tellurique. Il est essentiel d'en capter les énergies. »

Il m'enseigna que la plante doit être cueillie doucement durant son sommeil afin de ne pas effaroucher l'âme du végétal. J'étais encore bien jeune pour tout comprendre de la science de cet homme, mais tout cela me fascinait. L'homme des musées s'appelait Borg ; plus très jeune, il prenait un plaisir évident à transmettre ses connaissances à la petite fille que j'étais.

Il fit plusieurs séjours dans notre village ; chaque fois, la complicité qui nous liait était totale. Nous étions en permanence à la recherche de nouvelles choses. Mes compétences avaient beaucoup évolué grâce à l'action de ce maître hors du commun. Chaque été, je l'attendais avec impatience. Puis, un jour, j'appris, par notre instituteur, qu'il était très malade. Sa mort survint peu après. Borg m'a laissé le souvenir d'un être bon et généreux quant à la transmission de sa science. Tout son enseignement s'est révélé être pour moi des plus précieux, lorsque, plus tard, je me suis mise au service des miens.

RÉFLEXIONS DE L'AUTEUR

Après avoir parlé de son adolescence, deux expressions parcourent le visage de Laura : il s'agit d'une émotion très vive, mêlée à un sentiment de plénitude révélant que l'évocation d'êtres chers ravive parfois les plus beaux souvenirs d'une vie. En nous séparant, elle me réitère l'invitation pour le lendemain.

Je suis tellement captivé par le récit de mon amie que j'en oublie parfois l'ambiance du village. Pourtant, il me suffit de sortir de la maison de Laura pour entendre les aboiements des chiens qui, de meute en meute, se transmettent une excitation provoquée par l'oisiveté à longueur de journée et gémissent lamentablement, attachés au bout de leur chaîne. Avec impatience, ces chiens attendent l'hiver, période durant laquelle ils pourront exprimer leur force dans les longues courses de traîneaux. En les observant, les paroles du célèbre explorateur groenlandais Knud Rasmussen me reviennent en mémoire :

« Donnez-moi l'hiver, donnez-moi des chiens, vous pourrez garder le reste. »

Quand on parle des chiens eskimos, on les appelle des huskies. Définir leur race est extrêmement difficile.

Leur cruauté, leur sauvagerie et leur morphologie même les ont apparentés aux loups avec lesquels ils ont eu sans doute des croisements. Cependant, des différences sensibles sont à noter comme, par exemple, le museau moins allongé, la queue en trompette, les oreilles courtes et larges et le pelage qui, généralement, est blanc et fauve.

Les huskies, très combatifs, sont toujours en alerte. Ils jappent et hurlent sans cesse. Leur flair, très développé, est un élément indispensable pour les chasses, comme celles à l'ours. Les bêtes sont élevées par famille afin de former une meute compacte et homogène.

Je me souviens des leçons d'Anok tentant, courageusement, de m'apprendre à diriger l'une de ces meutes. Mon apprentissage, très laborieux, fut peu probant. Laura, elle aussi très bonne meneuse de meute, m'aida beaucoup à parfaire ma connaissance des chiens. Il n'empêche que je ne serai jamais un très bon *muchim* : en la matière, j'aurais de quoi écrire un livre comique, tant le nombre d'incidents survenus avec mes chiens est considérable !

Dès le lendemain, je retrouve Laura bien décidée à me faire profiter de ses mémoires.

ANOK, UN CHASSEUR DE LÉGENDE

La chasse sur terre ne suffisait plus à Anok qui souhaitait affronter les eaux de la baie de Disco. En arrivant à Rodebay, région où la pêche tenait une grande place dans la vie de la communauté, il avait été obligé d'entreprendre la construction d'un kayak, objet indispensable que tous se devaient de posséder. Aidée par les hommes du village, mais aussi par les femmes, notre famille avait donc participé à l'élaboration de cette embarcation. Le travail fut long et délicat. Il est bon de savoir qu'un kayak est toujours fait aux dimensions de l'homme qui aura à s'en servir.

Ce dernier, avant toute chose, doit se mettre en quête du bois nécessaire à l'armature, bois qu'il faut découper en fines lamelles et faire tremper plusieurs jours afin de les assouplir, pour, ensuite, former des cercles qui, ajustés,

Laura

donneront la forme et le volume du kayak. Anok a cherché longtemps le bois nécessaire. Comme il n'y a pas d'arbres au Groenland, on ne peut utiliser que du bois de flottage récupéré le long des côtes. Ce bois arrive parfois de très loin, des côtes forestières du Canada ou de la Sibérie, mais les arrivages sont aléatoires ! Pendant ce temps, ma mère avait rassemblé toutes les peaux fraîches de phoque disponibles, puis elle les avait cousues entre elles avec du fil fait dans les tendons de renne. La couture et la tension des peaux sur l'armature sont des phases fondamentales dans la réalisation du kayak. Tout doit être parfait pour assurer la solidité et l'imperméabilité de l'embarcation. Je me souviens que cette corvée collective avait été un moment très joyeux. Chacun accompagnait ses efforts de conseils mais aussi de plaisanteries et, comme à l'accoutumée dans ces moments de rassemblement collectif, la bière coulait à flots.

Le soir venu, l'embarcation était terminée. Anok, malgré les craintes de Cécilia, voulut à tout prix essayer son kayak. Ivre, il s'introduisit avec difficulté dans ce que l'on appelle « le trou d'homme ».

Avec les pagaies, il fit ses premières avancées dans les eaux du fjord. Au passage, il essuya quelques rires et quolibets sur ses maladresses, mais tout finit joyeusement sous les « hourra » des hommes qui, malgré leur rudesse, savaient reconnaître les qualités et la volonté de mon père.

Quelques semaines après, à force d'acharnement, Anok était devenu le meilleur kayakiste d'entre eux. Dès le printemps suivant, il s'élança dans les eaux du fjord à la recherche des phoques, en louvoyant à travers les blocs de glace et les icebergs. Armé de son *tsaogata*, son grand harpon, il ramenait toujours de belles prises. Cécilia était heureuse, rien ne manquait à la maison, viande, graisse, peaux… Et, en plus, à chaque retour, la notoriété d'Anok s'amplifiait davantage. L'année suivante, fort de cette expérience, il décida de s'attaquer aux petites baleines blanches qui migrent non loin de nos côtes.

Le delphinatère, ou baleine blanche

Mon père avait observé que les meilleurs chasseurs du village n'hésitaient pas à passer à l'attaque des cétacés. Il est important de savoir que le gras de baleine, le *mattak*, riche en vitamine C remplace chez nous le manque de crudités et de légumes. Les Inuit font donc une grosse consommation de cette graisse.

Anok racontait toujours avec beaucoup d'émotion ses chasses à la baleine blanche, les bélugas. Il en parlait ainsi :

« C'était le début du printemps, nous manquions un peu de nourriture. Cette année-là, les glaces de la banquise, longues à se fracturer, empêchaient encore tout déplacement en kayak. Quand le *nékrayak*, le vent du nord très violent, finit par se calmer, le soleil fit enfin son apparition. Une nuit, nous avons été réveillés par des bruits très forts, la banquise se fracturait de toutes parts. Les énormes blocs de glace, poussés les uns contre les autres, commençaient leur lente dérive vers le sud. Sachant que bientôt il nous serait possible d'aller à la pêche, je passai deux ou trois jours à réparer les coutures de mon kayak, à l'enduire complètement de plusieurs couches de graisse, cela afin d'en améliorer la glisse. Au terme de ces préparatifs, j'étais prêt à affronter les eaux du fjord et, s'il le fallait, aller plus loin pour ramener des phoques.

« Profitant des rayons du soleil qui réchauffaient les blocs de glace, je m'apprêtais à tirer sur un phoque que j'avais repéré à une assez courte distance de la côte lorsque je vis une masse blanche se mouvoir dans l'eau avec une rapidité et une souplesse inouïes. Je compris tout de suite qu'il s'agissait d'une grosse baleine blanche. C'était là une occasion que je ne voulais pas perdre. Je n'avais jamais tué de baleine, aussi je me devais de pratiquer cet exercice dangereux en prenant le maximum de précautions. J'étais tout excité. Je savais que si je m'approchais trop près, elle m'entendrait et fuirait. Si je la blessais, elle me tuerait. Je n'avais donc pas droit à l'erreur. Malgré ma frénésie, je tentai de me ressaisir, me maîtrisant au maximum. Je l'observai longuement, ce qui me permit de constater qu'elle était seule et surtout qu'elle mesurait bien vingt mètres de longueur ! Occupée par la recherche de nourriture, elle ne prêta aucune attention à ma présence, je pus donc l'approcher encore de plus près. Ses longues plongées et ses remontées en surface étaient d'une grande lenteur, j'en déduisis qu'elle était fatiguée.

« Les *kavgluristok* choisissent le printemps pour remonter en direction de la baie de Melville, lieu où se produisent les accouplements, qui, en général, se pratiquent en juillet. Dès le mois de mars, les baleines sont donc obligées d'affronter des situations périlleuses, comme circuler en profondeur dans un dédale de crevasses et de cassures intervenues sous le couvert glacé et de ce fait, parfois, se faire enfermer par ces glaces quand de brusques baisses de température interviennent. Comme ce jour-là, le soleil brillait très franchement, la baleine, par moments, se tenait presque immobile en surface. Le spectacle était magnifique. Cela me permit d'ajuster mon fusil. Les deux premières balles touchèrent juste la tête. Elle fit un bond terrible dans l'eau, provoquant des remous importants qui balancèrent mon kayak dans tous les sens. Heureusement, j'avais pris la peine de mettre mon *usiak*, la peau qui ferme hermétiquement le trou d'homme, sinon, j'aurais coulé.

« Les remous calmés, je constatai que le cétacé demeurait sans bouger. N'étant pas assuré de sa mort, c'est avec la plus grande prudence que je m'en approchai. Je lançai dans sa direction mon harpon à tête détachable : la baleine ne fit aucun mouvement, elle flottait immobile. Sans même y croire, j'accrochai la lanière du harpon à un très gros bloc de glace, geste dérisoire face au poids considérable de l'animal et, comme transporté par tant de joie, je courus chercher du renfort au village afin de ramener le cétacé jusqu'au rivage.

« J'alertai mes amis chasseurs qui, dans un premier temps, furent sceptiques quant à mes déclarations, mais, curieux, ils acceptèrent cependant de m'accompagner en utilisant tous les *oumiaks* et les kayaks disponibles au village. Suivi de ce cortège d'embarcations, je retrouvai facilement le lieu du harponnage. La baleine flottait toujours. Cela impressionna et rassura mes compagnons. L'ayant harponnée de toutes parts, c'est par un système de flottaison que nous l'avons ramenée jusqu'au village. Au milieu des rires et des joies, tous étaient volontaires pour la dépecer. Quelques minutes après, l'emplacement rouge de sang était recouvert de morceaux épars de graisse, de chair ; cette situation amusait beaucoup les enfants qui pataugeaient avec grand plaisir dans ce magma sanguinolent.

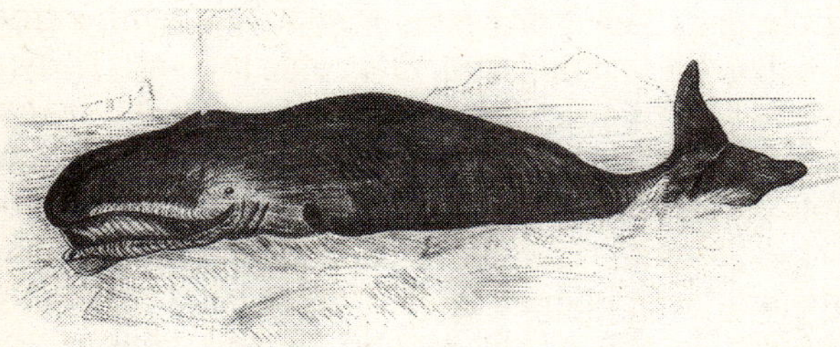

La baleine boréale. De la famille des balénéidés, la baleine peut mesurer plus de 25 m de long. Ce monstre marin sillonne les mers les plus septentrionales, on le trouve jusqu'au pôle, aussi loin que la mer est libre de glace. Surtout présente sur les côtes du GROENLAND *là où se font sentir les derniers effets du Gulf Stream et où prolifèrent les animaux marins qui entrent dans son alimentation. Ce qui est étonnant chez cet animal de taille colossale, c'est sa vitesse de déplacement qui peut être considérable (en une heure il peut franchir environ 17 à 18 km).*
La baleine peut rester de 15 à 20 minutes sous l'eau, mais habituellement, elle arrive à la surface de l'eau toutes les deux ou trois minutes pour respirer.
La baleine est chassée pour sa chair, sa graisse (les Eskimos boivent l'huile avec un réel plaisir), ses fanons et aussi pour son squelette que les Eskimos utilisaient pour construire leurs cabanes ou faire les canots.

Cette baleine blanche femelle était enceinte. Son *uviak*, le baleineau, allait naître prochainement. Mes amis, quelque peu jaloux de mon exploit, me rallièrent gentiment en disant : " Anok est un chasseur exceptionnel. Il est le seul homme au monde à avoir tué deux baleines d'un seul coup ! " »

Ma mère, mes frères et moi-même étions très fiers de notre père. Il venait de réaliser quelque chose de rare et, en plus, cette chasse miraculeuse assurait au village au moins une année d'avance de nourriture, d'huile et de tout autre produit dérivé de la baleine. Anok, déjà légendaire, était désormais doté d'un nouveau titre dont il était particulièrement heureux. Par contre, nous avons moins apprécié les jours suivants. Pour raconter son exploit, Anok était invité dans toutes les maisons des environs du village. Et là, la bière et l'alcool coulaient à flots. Ainsi, chaque soir, notre père revenait ivre, et parfois même, nous devions partir à sa recherche, nous le trouvions dormant en plein air. Nous devions le transporter jusque chez nous…

Jeune femme en habit traditionnel

La vie s'écoulait dans notre village au rythme des saisons. J'étais quasiment devenue une jeune fille. J'avais suivi avec attention les enseignements de notre instituteur danois. Ma soif d'apprendre me poussait à vouloir toujours en savoir davantage, mais, au stade où j'en étais, il fallait que je poursuive ailleurs mon instruction. La pensée de quitter ma famille, notamment ma mère, m'était difficile. Mon frère aîné, lui, au grand désespoir d'Anok était déjà parti, il était allé à Jakobshavn pour travailler à l'usine des poissons. Redoutant les reproches de mon père, il ne venait que très rarement à Rodebay. Quant à mon jeune frère, il avait voulu suivre l'aîné, malheureusement, quelques mois après son départ, nous apprenions sa mort. Cécilia éprouva un immense chagrin, car, en peu de temps, ses deux fils étaient partis. En fait, j'ai peu connu mes frères et je ne garde d'eux qu'un lointain souvenir.

Anok, dès lors, était devenu sombre et pensif. Parfois, l'été, il prenait son kayak et disparaissait sans but précis au milieu des icebergs. L'hiver, s'emparant du traîneau et des chiens, il s'en allait chasser le lièvre mais sans beaucoup de conviction. Malgré son caractère rude, il essayait de me montrer quelques signes de tendresse. Il disait à tous ceux qui voulaient bien l'entendre :

« Heureusement que j'ai ma fille Laura à la maison, sa présence me réconforte et m'apporte beaucoup. »

Ses propos me réjouissaient, moi qui avais toujours redouté ce père difficile. Les événements de la vie, certes, nous avaient rapprochés, mais, compte tenu de nos caractères, nous gardions l'un vis-à-vis de l'autre une certaine distance. D'un naturel plutôt renfermé, j'éprouvais des besoins impérieux de solitude. Tout comme mon père, l'été, je partais en direction des montagnes, où je cueillais les plantes à guérir. En hiver, moi aussi je faisais de grandes courses en traîneau avec ma meute de chiens. Je recherchais toujours les endroits où les roches brunes indiquaient la présence de la pierre verte magique, la stéatite que nous appelons plus communément la pierre à savon. Souvent, de retour à la maison, j'entrais dans de violentes crises* de possession qui m'inspiraient, parfois, des visions prophétiques. J'annonçais les événements avant qu'ils ne se produisent. Aussi, rapidement, les gens du village m'observèrent-ils avec un regard à la fois mêlé de crainte et de scepticisme. Ma nervosité permanente inquiétait ma mère, elle seule savait m'apaiser.

Je venais d'atteindre mes dix-huit ans et, depuis quelques jours, comme cela se produisait fréquemment alors, je me trouvais en état de neurasthénie, je ne m'alimentais quasiment pas. Je me souviens que, cette fois, des visions terribles m'avaient assaillie. Parmi celles-ci, il y avait *kringarangtsek*, un géant sans nez, vivant dans les profondeurs, qui se révélait être très dangereux pour les humains. Ce type de vision est l'une des plus néfastes que nous puissions avoir. Elle est l'annonce d'une ou plusieurs morts. À ce moment-là, je ne savais pas qu'elle allait me toucher de si près.

Fidèle à ses habitudes de chasseur de phoques, Anok avait profité des premières chaleurs du printemps et de la rupture de la banquise pour circuler avec son kayak dans le dédale des glaces. Tandis qu'il se trouvait dans ces zones, le fractionnement inattendu d'un iceberg, comme chaque fois, avait provoqué un véritable raz de marée. La force des vagues avait fait chavirer sa frêle embarcation, et ce malgré la prudence de mon père qui, bon nombre de fois dans sa vie, avait eskimoté. Mais ce jour-là, sans doute par pure négligence, il n'avait pas pris la précaution élémentaire de mettre le

* Voir la note sur la crise chamanique, p. 201.

tablier du kayak. L'eau glacée s'était engouffrée à l'intérieur. Il était resté ainsi des heures durant, et avait failli couler à plusieurs reprises. Malgré les soins intenses que Cécilia et moi lui avions prodigués dès son arrivée, il mourut quelques jours après.

Le coup fut très rude pour ma mère, elle qui était tellement attachée à cet homme n'acceptait pas l'idée de sa disparition. La perte d'Anok fut également un choc pour moi car j'avais pressenti une mort sans savoir que ce serait celle de mon père. Les habitants du village, consternés, furent profondément touchés par la perte d'Anok, leur personnage de légende. Aucun d'eux ne s'était imaginé qu'un jour il disparaîtrait dans un accident aussi stupide.

Anok, unanimement apprécié, laissa un très grand vide dans le cœur de chacun.

Après ce coup fatal, Cécilia resta prostrée dans notre petite maison jaune ; elle ne participait pratiquement plus aux tâches quotidiennes et dépérissait de jour en jour. Je fus bien obligée de prendre en main la vie de la maison, c'est-à-dire qu'il me fallait remplacer mon père absent. J'allais à la pêche, j'allais à la chasse, je m'occupais des chiens. Ma réaction intrigua les gens du village qui m'avaient presque toujours connue dans un état peu normal.

Malgré tous les efforts que je déployais pour pallier à tout, un an jour pour jour après la mort d'Anok, Cécilia me demanda de l'emmener contempler une dernière fois ces paysages de neige et de glace qui caractérisent si bien le pays des Inuit, paysages dans lesquels Anok avait laissé sa vie.

RÉFLEXIONS DE L'AUTEUR

À cette évocation, le regard troublé par les larmes, Laura cesse son récit et m'entraîne alors vers le petit cimetière. Silencieusement et longuement, sans qu'aucune parole ne soit échangée, nous nous sommes recueillis sur ces deux modestes tombes placées côte à côte et tournées face à la mer, défiant l'horizon de la banquise.

Le souvenir était alors intense, les émotions, plus que fortes.

APPRENTISSAGE CHEZ HILLA LA CHAMANE

Dès le lendemain, tout à la joie de nous retrouver, Laura et moi avons effacé les pensées tristes de la veille. Laura a poursuivi, une nouvelle fois, son récit.

Après la disparition de mes parents, je me retrouvai bien seule dans la vie. Mon frère aîné, qui avait quitté

Odobaenus rosmarus *(morse)*

la région depuis quelques années déjà, n'avait même pas fait le déplacement pour l'enterrement d'Anok et de Cécilia. Je lui en voulais beaucoup, ce détachement était incompréhensible. Depuis, nous ne nous sommes que très peu vus. Le seul réconfort, curieusement, m'est venu du pasteur ; il m'a incitée à quitter le petit village où, désormais, je n'avais plus d'attaches. Pour suivre mes études, il me conseilla le lycée de la ville de Godthab, où, ajouta-t-il, je pourrais obtenir un diplôme d'institutrice et, un jour peut-être, remplacer Block Poulsen, l'instituteur danois, lorsqu'il serait en retraite. Cette idée du pasteur me séduisit. Elle eut le mérite de chasser, un moment, mes idées les plus noires. En revanche, j'appréhendais assez fortement l'idée de quitter mon village pour me retrouver dans des lieux inconnus. Mais je me décidai enfin et je confiai la maison jaune aux habitants du village, avec l'espoir d'y venir le plus souvent possible ; je fis la promesse à mes amis d'un jour revenir m'y installer définitivement. À ce moment-là, je ne vivais encore qu'avec le souvenir de mes parents que j'avais tant aimés.

Après un court passage à Jakobshavn, j'obtins grâce au pasteur « une bourse de jeunesse »

Les campanules (Campanula), *petites fleurs bleues, que les Inuit appellent* tikiusaaq, *ce qui signifie « dé à coudre », font l'objet d'une préparation particulière : macérées dans l'huile de phoque, elles entrent dans la préparation d'une sauce dans laquelle les Inuit aiment à tremper des morceaux de viande de phoque, de narval ou de baleine.*

allouée par le gouvernement danois, pays auquel nous étions rattachés. Certes, le développement social engendrait des avantages tels que celui-ci, mais il brisait également le modèle traditionnel de la famille groenlandaise. Le monde bouge ; il est difficile d'aller contre les événements.

Grâce au transbordeur côtier, j'atteignis Godthab, une des plus importantes villes du Groenland. Au premier détour de la côte, lorsque apparaît la ville, la vue est saisie par l'extraordinaire beauté du mont Store Malene. Puis le regard est accroché par la découverte de la cité. Quel choc ce fut pour moi qui arrivais d'un tout petit village de la côte ouest ! Là, j'étais confrontée à un alignement de blocs d'habitations, ces logements préfabriqués venant du Danemark. Cette ville, construite pour les Inuit, a été bâtie en dépit du bon sens et va à l'encontre de notre tradition. J'étais affligée rien qu'à l'idée d'avoir à y vivre.

Reçue par le pasteur, ami de celui de Jakobshavn, j'avais insisté pour m'installer de suite dans les locaux de l'internat du collège, sous le regard curieux des autres étudiants qui, eux, étaient bien plus jeunes que moi. C'est sans passion que j'ai suivi les cours, uniquement par obligation : une façon d'honorer le pasteur qui avait tout fait pour que j'obtienne mon inscription. Malgré cet état d'esprit détaché, je fus une assez bonne élève, mais pas une bonne camarade. En dehors des cours, je passais presque tout mon temps libre dans ma chambre ou dans la nature environnante. Au bout de ma dernière année d'étude, j'obtins enfin le diplôme convoité d'institutrice.

Les difficultés de vie que j'avais eu à surmonter durant ces années n'avaient changé en rien mon état d'esprit. Je ne me sentais pas à l'aise du tout dans ce mode de vie qui m'était proposé. Je refusais donc tous les stages, et même tous les postes que m'offraient mes nouvelles compétences. Ce monde moderne m'indisposait, je demeurais fidèle à notre vie traditionnelle.

Un jour, tandis que j'errais sur le port de Godthab, j'appris qu'un bateau allait prochainement partir en direction d'Angmagssalik. L'idée me vint alors de retourner sur la côte est. Je m'inscrivis comme passagère pour ce long trajet. Les conditions de voyage ne ressemblaient en rien à celles que j'avais connues jadis, quand j'avais effectué le voyage avec ma famille. Tu sais que mon père était un animateur de talent, et que l'homme des musées nous avait constamment entretenus de la nature et des hommes de notre pays, faisant ainsi passer le temps agréablement.

Pour ce retour, j'étais seule et complètement anonyme, perdue au milieu d'autres passagers. Dans ces conditions, le voyage me parut deux fois plus long. Je fus cependant très heureuse d'apercevoir une nouvelle fois la chaîne montagneuse qui domine de face le village d'Angmagssalik qui, tout entier, se reflète dans le fjord profond.

À peine débarquée, je me suis mise en quête de connaissances, mais les années avaient passé. Je ne retrouvai personne. En plus, on m'informa qu'il n'y avait pas de poste d'institutrice libre à ce moment-là. Pourquoi donc rester ? Je décidai d'aller encore un peu plus loin, à Ikateq, notre village d'origine.

À mon arrivée, ce fut un peu la même déception, rares étaient les personnes se souvenant de notre famille. Les Inuit qui, pendant des siècles avaient été des nomades, s'ouvraient à la sédentarisation sans toutefois se fixer encore de façon définitive. Aujourd'hui encore, ils déménagent assez souvent, si bien que cette population en perpétuel mouvement s'installe, puis repart ; le hasard seul peut permettre à des anciens amis de se rencontrer. Toutefois, j'appris qu'Hilla, la chamane qui avait si bien su me soigner dans mon enfance, était encore de ce monde et qu'elle était restée au village. Le cœur envahi d'une immense joie, je ne perdis pas un instant pour lui rendre visite.

Malgré les années, Hilla me reconnut immédiatement. Quand je l'avais quittée, pratiquement enlevée par mon père, je n'étais encore qu'une petite fille. Je la retrouvai alors que je venais d'atteindre mes vingt-cinq ans :

« Laura, dit-elle, tu es revenue me voir, quel plaisir ! Quel bonheur ! À nouveau je suis très heureuse de t'accueillir, j'espère que tu vas rester un peu avec moi, nous avons tant de choses à nous dire. »

En revoyant Hilla, je me sentis bien. Il y avait longtemps que je n'avais eu l'occasion d'éprouver de tels sentiments. Vraiment, je réalisais combien la vie moderne ne me correspondait pas. J'avais besoin d'être parmi les miens, dans notre milieu. Telle une fleur en pleine éclosion, je m'épanouissais. En retrouvant Hilla que j'aimais beaucoup, soudain je revivais. Aussi, sans m'arrêter, je lui racontai notre vie depuis le départ de Rodebay, mes problèmes d'intégration, les exploits d'Anok. Je lui annonçai également la mort de mes parents. Bien qu'Hilla n'aimât pas beaucoup mon père, elle fut cependant très peinée d'apprendre sa disparition, et d'autant plus celle de ma mère qu'elle adorait.

À Ikateq, tous les autres membres de notre famille étaient partis ou bien étaient morts. C'était le cas pour les parents adoptifs d'Anok. La maison que mon père avait commencé à construire à l'époque n'était plus qu'un vague tas de pierres. Je ne me sentais aucun courage pour reprendre les travaux de construction.

Après notre départ, des Danois accompagnés de Français étaient venus au village étudier les coutumes et les traditions de notre peuple. Ils avaient fait construire, à grands frais, une de ces maisons de bois fournie par le Danemark. Depuis leur départ, cette vaste habitation était vide, personne ne souhaitait l'habiter. C'est là que je me suis installée durant dix années.

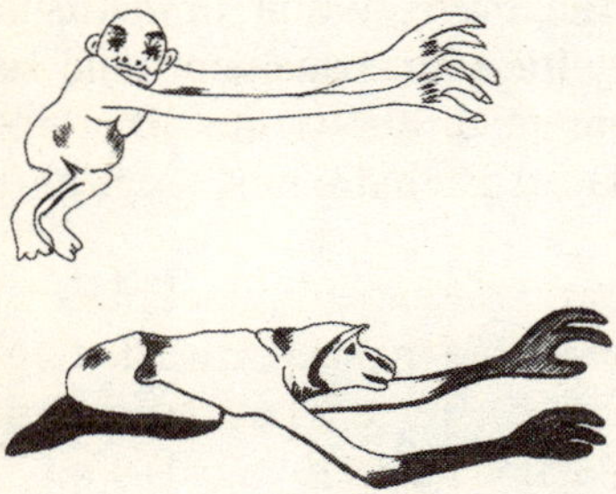

Tupilek *représentant de grotesques figures d'animal ou d'homme*

Chaque jour j'ai rencontré Hilla. Avec elle, j'ai appris le chamanisme, et j'ai approfondi le vécu de l'expérience magique. Jadis, lorsque j'avais passé une année chez Hilla, je n'étais qu'une toute petite fille. À l'époque j'étais déjà imprégnée de ces pratiques magico-religieuses, mais tout n'était pas encore clairement défini pour moi. Ce retour, véritable sort du destin, me permettait, en quelque sorte, de reprendre depuis le début la formation que me dispensait Hilla, et qui, je l'espérais, me conduirait au niveau des maîtres du chamanisme. Ma vocation première s'était muée en une farouche volonté, une force intérieure me poussait à tout vivre, à tout subir dans cette initiation. Subitement, au contact de mes racines, je reléguais au plus profond de moi-même tout ce que j'avais appris au lycée. C'était comme si je reniais ma formation d'institutrice.

Ma période d'initiation fut une quête nécessaire pour approcher l'inaccessible et me permettre d'établir des contacts avec les divinités et les âmes de nos ancêtres. Au cours de cet apprentissage long et difficile, pendant lequel j'étais soutenue par la fidèle amie qui était aussi mon maître, je côtoyai les créatures démoniaques que généralement on rejette et je maîtrisai toutes les techniques de rêves qui aboutissent à la transe et à l'extase. Hilla, qui avait consacré toute sa vie à ces pratiques, dominait au mieux ces pouvoirs chamaniques.

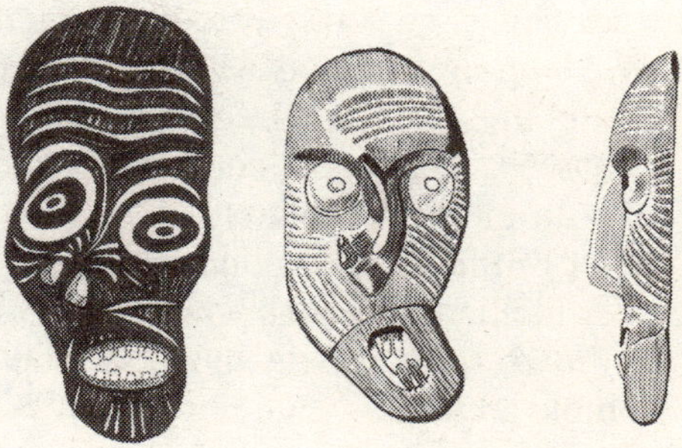

Masques utilisés par les chamans au cours des cérémonies rituelles

J'étais très heureuse de ma nouvelle vie et surtout j'étais ravie de cet enseignement qui m'était donné. Cependant, je devais aussi m'occuper du quotidien. Depuis mon retour, Hilla qui atteignait un grand âge se reposait complètement sur moi pour tout ce qui était des corvées, entretien des vêtements, approvisionnement en nourriture, préparation des repas…

Tu le sais, les Inuit ont la réputation d'être des mangeurs de viande crue, mais, depuis que j'étais passée par le lycée, j'avais perdu cette habitude. Je préférais nettement ce qui était cuit. Je proposai donc mes nouveautés culinaires à Hilla qui sembla les apprécier sans trop de dégoût.

Les hommes de la région m'observaient : ils savaient que j'étais célibataire et en âge de fonder une famille, aussi plusieurs d'entre eux avaient rendu visite à Hilla, qu'ils pensaient être ma mère et avaient fait une demande en mariage me concernant. La première fois, j'ai beaucoup ri car je n'avais jamais songé à cela. Aussi c'est tout naturellement que j'ai repoussé les avances des prétendants. Du coup, cela m'obligeait à toujours assurer les corvées de pêche et de chasse. Il faut avouer que ces tâches ne sont pas toujours faciles pour une femme. Heureusement qu'Anok, mon père, avait été un bon maître. Je l'avais souvent suivi et j'avais observé tous ses gestes. Je connais les techniques d'approche du gibier, je maîtrise assez bien la pêche au harpon, et l'utilisation des divers hameçons. Je n'ignore rien des meilleures façons pour capturer les poissons comme l'*uvak*, la morue, le *kerak*, le loup de mer, l'*ekaluk*, l'omble arctique.

J'étais généralement très bonne pour la capture des oiseaux et la recherche des œufs dans les falaises. À l'époque, bien que femme, je ne redoutais rien. De ce fait, jamais nous n'avons manqué de nourriture. J'avoue que j'éprouvais même un certain plaisir à aller à la pêche ou à la chasse. Parfois, je me déplaçais assez loin, dans ces moments, j'étais amenée à croiser d'autres chasseurs qui me regardaient avec une certaine curiosité. Jeune fille, bien qu'étant agréable à regarder, j'avais toujours dans le regard un air rébarbatif, aussi peu tentaient de m'approcher. Et puis, il faut bien l'ajouter, je ne parlais pratiquement à personne.

Âgé, le pasteur de Jakobshavn était toujours le même, celui qui n'aimait pas mon père. Il avait su que j'étais de retour au pays. Un jour, en tournée dans la région, il était venu me rendre visite. En guise de bienvenue, il m'avait reproché mon mode de vie et notamment le fait que je ne fonde pas une famille. Il me dit qu'il était indécent que je vive à la manière d'un homme. Il insista également sur le fait que je gâchais mon savoir d'institutrice à ne rien faire et surtout que je vivais avec une personne à l'esprit dérangé, tels étaient ses qualificatifs à l'égard d'Hilla.

Je n'avais rien répliqué, mais mon regard, sans doute, avait suffi à traduire ce que je pensais. Aussi, sans rien ajouter, il était reparti en prononçant des paroles de malédiction à mon intention. Je ne l'ai plus jamais revu. Quelque temps après cette désagréable discussion, cet homme, âgé et rigide, fut rappelé au Danemark. Il fut remplacé par un nouveau pasteur bien plus tolérant.

Divers types d'amulettes utilisées par la chamane

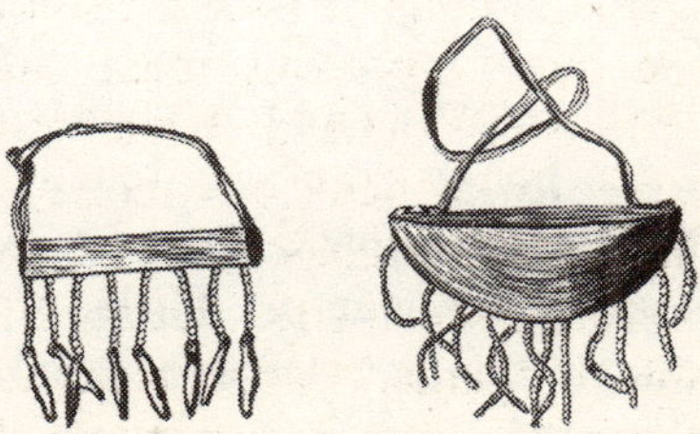

Partagé entre les corvées du quotidien et l'apprentissage du chamanisme, le temps passait très vite. Je sentais bien qu'Hilla voulait transmettre son savoir. Son grand âge était pour elle une source d'inquiétudes, il était clair qu'elle voulait communiquer sa connaissance au plus vite. Nos entretiens journaliers étaient souvent interrompus par des personnes qui nous rendaient visite, requérant nos services. Parfois même, certain restaient plusieurs jours, attendant la guérison. Si Hilla me formait au niveau des phénomènes de magie, moi je lui apportais beaucoup avec ma connaissance des plantes curatives.

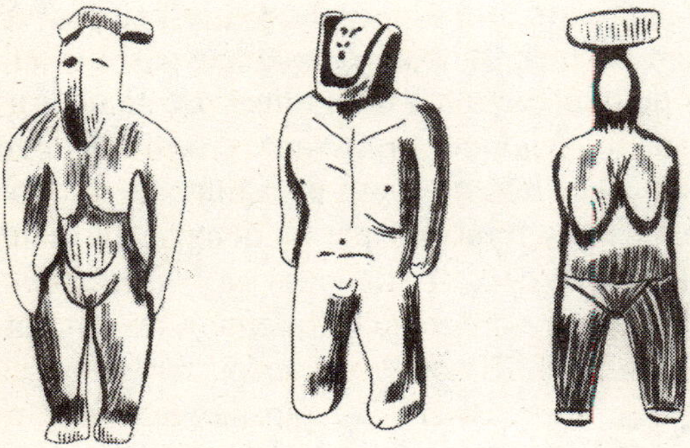

Tupilek *en bois de la région d'Angmagssalik (1850-1900). Amulettes utilisées par les chamanes.*

Ensemble, associant nos savoirs, nous avions mis au point des potions dont les résultats s'étaient révélés très concluants. Quand plusieurs patients étaient présents en même temps, Hilla organisait alors des séances de transe collective. Je les redoutais un peu parce qu'elle finissait ces interventions un peu particulières complètement épuisée, au point qu'il lui fallait plusieurs jours pour récupérer.

Je vais te raconter le déroulement de l'une de ces séances, ainsi tu comprendras mieux mon inquiétude concernant cette femme âgée.

Je me souviens que la pièce principale de la maison d'Hilla pouvait recevoir environ une quinzaine de personnes. Celles-ci se disposaient en cercle ; tout autour, sur les murs, étaient accrochés une multitude d'objets considérés comme des protections aptes à chasser les mauvais esprits. Il y avait là des peaux d'animaux, de lièvre, d'ours, de phoque, de renne… Chacune avait des spécificités considérées magiques. Par exemple, chez les phoques et les rennes, Hilla avait surtout récupéré les grosses touffes de poils blancs situées au bas de la gorge de l'animal. Elle agissait de manière identique sur les peaux d'ours blanc qui parfois étaient tachées de noir. Sur les murs étaient accrochés les crânes blanchis de ces animaux ; tout cela conférait à la pièce une espèce de fantasmagorie qu'il est difficile de décrire. Le décor comprenait également une multitude de petits ossements d'animaux, parfois taillés ou sculptés. Ce qui m'impressionnait le plus, c'était le rostre du narval ; chez Hilla, il y en avait partout, ils étaient aussi accrochés aux murs. Tous les Inuit croient très fort à la puissance magique contenue dans les grandes dents de ces cétacés. Nos sculpteurs découpent cet ivoire pour en faire ce que l'on appelle des *tupilek*, qui sont des statuettes porteuses de grande magie. Je te reparlerai de cela un peu plus tard.

Le sol de la pièce où cela se déroulait était couvert de peaux d'ours. Avant que ne commence la séance de magie, les femmes qui étaient venues avec leurs enfants devaient les enduire de graisse de phoque pour empêcher que les monstres ne pénètrent dans leur corps. Ensuite le demi-cercle se mettait en place, les enfants étaient toujours placés à l'arrière des adultes. Le silence s'installait dès qu'Hilla faisait son apparition. À chacune des séances vécues en sa présence, j'ai toujours été impressionnée par son apparence, elle portait toujours la même robe ample, cousue avec différents morceaux de peaux d'animaux ; en fait, tous ceux qui peuplent notre nature. Sur toute la surface de cette robe étaient accrochés de petites statuettes en os, des dents d'ours, des morceaux d'ivoire de narval et quelques morceaux de ruban. Ces objets n'ont pas une fonction décorative. Ce sont, en réalité, des amulettes protectrices nécessaires pour la conjuration. Sur son visage, avec la suie des lampes, chaque fois elle dessinait des traits fins qui, au départ de son nez, convergeaient vers le front, vers les joues, vers le menton. Ses cheveux étaient noués au-dessus de sa tête. Son crâne était ceint d'une courroie qui lui permettait de retenir haut son chignon. Dans une main, elle tenait le *krida*, ce grand tambour plat de forme circulaire, en peau de phoque tendue, qu'elle mouillait avant chaque séance afin qu'il rende un son plus beau et plus

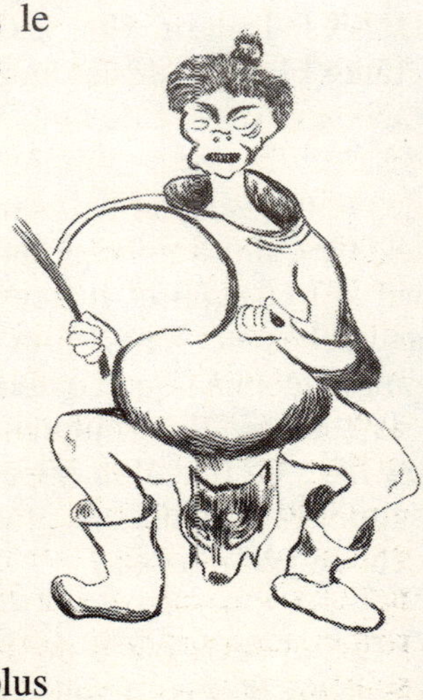

intense. Dans l'autre main, elle tenait une petite baguette de bois pour taper sur le *krida*. Tel un rituel bien rodé, Hilla commençait toujours en exécutant quelques pas de danse. En cadence, elle frappait le tambour qui répercutait des sons graves.

Elle parlait en disant :

«*Amalo, amalo* (eh bien, voilà)» ou bien «*Amasse, amasse* (quel plaisir d'être ensemble).»

Après cette entrée en matière, Hilla prenait place au milieu du demi-cercle. Elle alternait les dialogues récités d'une voix généralement monocorde, et les manipulations du *krida* avec une dextérité extraordinaire. Parfois, elle poussait des cris effrayants accompagnés de rires démoniaques. Comme Hilla cultivait aussi des talents de ventriloque, elle proférait des paroles qui, selon les tonalités, semblaient venir du haut de son corps, ou des profondeurs de la nature. Les spectateurs, captivés, ne perdaient pas un seul de ses gestes, pas une seule de ses paroles. Ils attendaient avec impatience le moment où Hilla allait raconter la légende de Noulajiouk.

«*Amalo, amalo* ! Eh bien, voilà, à l'origine des temps la terre était plate, il n'y avait pas d'eau. Un jour la terre éclata, un *inouk*, un homme, en sortit. Sans attendre, il se mit au travail, il modela deux femmes en terre, auxquelles il donna vie. La première s'accoupla avec un chien, elle donna naissance aux *ekridit*, les premiers Inuit, moitié-homme, moitié-chien. Comme la seconde femme refusait de s'accoupler, les esprits du ciel envoyèrent alors de l'eau, beaucoup d'eau, pour la noyer. Cette eau devint la mer mais, comme la femme restait toujours à la surface, les esprits du ciel firent souffler un grand vent glacial, si bien que les eaux se transformèrent en un vaste désert de glace, donnant naissance à la banquise. Afin de pouvoir respirer et survivre, la femme fit un trou dans la glace. À l'aide de ses mains, elle tenta de s'appuyer sur le rebord du trou de la banquise, mais les esprits du ciel, surpris de sa résistance, lui coupèrent les doigts et la jeune femme coula une deuxième fois. Opiniâtre, elle réussit à flotter librement dans les eaux. Les esprits du ciel furent alors convaincus de sa puissance, ils la déifièrent en lui donnant le nom de Noulajiouk, la déesse, mère de toute vie marine. Ses doigts coupés se transformèrent aussitôt en de nombreux animaux marins tels les phoques, les morses, les baleines, les narvals... Au début, tous venaient nicher dans ses cheveux, mais ensuite ils construisirent eux-mêmes une bulle d'air ayant la forme de l'igloo pour que Noulajiouk puisse respirer, tout en continuant à vivre, dans les profondeurs glacées. Un très grand phoque, Tornartek, fut chargé de faire des provisions d'air à la surface pour les lui insuffler dans la bulle. Grâce à ses immenses nageoires, c'est également à lui que revint le droit de coiffer les cheveux de la déesse, lieu de résidence de tous les animaux marins. En démêlant la chevelure, Tornartek faisait tomber les petits phoques qui, pêchés, devenaient de la nourriture pour les Inuit qui, eux, continuaient à vivre à la surface de la terre. Nous devons la vie à cette *imap noukiaka*, cette femme de la mer.

« Quant aux premiers Inuit, les *ekridit* moitié-homme, moitié-chien, ils se transformèrent assez vite, certains devinrent des chiens, les autres des hommes. Ces derniers furent dotés par les esprits du ciel de l'*adek*, une âme, mais il y avait plusieurs sortes d'âmes : l'âme vie, l'âme nom, l'âme sommeil. C'est pour cela qu'il faut toujours faire très attention à ces âmes et qu'il faut connaître les nombreux tabous qui permettent de les protéger. Par exemple, lorsqu'un enfant sort du ventre de sa mère, il faut prononcer son nom très près de son oreille, ainsi on lui donne "l'âme nom" qui pénètre alors dans son corps. Il est alors indispensable de lui prodiguer beaucoup d'attentions et de caresses et surtout de ne jamais le maltraiter, sinon "l'âme nom" quitte ce petit corps et l'enfant tombe malade, parfois, il peut même mourir. Malgré la mort, l'âme vit, continue d'exister dans l'attente d'un nouveau corps à pénétrer. "L'âme sommeil" a, elle aussi, beaucoup d'importance, elle quitte le corps pendant le sommeil, elle sort toujours par l'anus, porte naturelle des âmes. Jamais il ne faut réveiller brutalement une personne qui dort, sinon "l'âme sommeil" ne pourrait plus pénétrer dans le corps, et la personne deviendrait alors complètement folle. Parmi les autres âmes, il y a aussi les petites âmes du corps, celle de la peau, des articulations, de l'estomac, des intestins, du cœur, du foie... Dès que l'une de ces âmes quitte sa place, immédiatement apparaissent les douleurs, et la maladie s'ensuit. Je ne peux guérir toutes ces maladies que lorsque j'ai diagnostiqué quelle âme a fui le corps. J'entreprends alors une délicate chasse pour la récupérer. Je dois la rattraper, et la rapporter dans mes mains afin de lui faire retrouver sa place. Si cela réussit, la guérison intervient très vite.

« Depuis que les esprits du ciel ont créé les hommes sur la terre, ils ont également créé d'autres esprits, bienveillants ou malveillants. Ces esprits sont partout, surtout dans toutes les forces de la nature, dans les airs, dans la terre, dans la mer, dans les rochers, dans la glace, dans la banquise... C'est pour cela que nous devons toujours respecter les forces qui nous

Aliactus albicilla, *le pygargue*

entourent. Pour les animaux, c'est un peu la même chose, sauf que ces êtres vivants, lorsqu'ils sont chassés et tués, sont réincarnés. Si, par exemple, on tue un ours, il ne faut jamais emporter sa tête, mais, au contraire, la poser bien en évidence sur la banquise pour que l'âme de cet ours puisse assez vite retrouver un autre corps d'ours dans lequel habiter. Cependant, beaucoup d'âmes ne retrouvent pas de corps, alors, selon leur valeur, elles se déplacent de ciel en ciel jusqu'au septième, là où généralement se réunissent les meilleures âmes.

« La nature est peuplée de nombreux esprits bienveillants ou malveillants, avec lesquels il faut compter à chaque instant. Seul l'*angakok*, le chamane, qu'il soit homme ou femme, prêtre ou médecin, peut, à l'occasion de ses moments de transe, entrer en contact et traiter avec eux. Il arrive que les hommes soient confrontés directement avec les mauvais esprits, ensorcelés, ils deviennent alors des victimes. C'est pour cela qu'il est important d'avoir pris la précaution de coudre sur ses vêtements des *toupilek*, ces petites sculptures taillées dans la défense du narval, ou bien d'en avoir dans sa poche. Chacun de ces esprits ne réagit pas de la même manière, c'est pourquoi les *toupilek* sont de formes différentes et sont indispensables pour se défendre contre les fantômes. Les fantômes sont ces esprits qui, circulant librement dans le ciel, sont apportés par le vent. Il y a aussi les ekridit, les êtres de nos origines, dont ceux restés moitié-homme, moitié-chien ne dorment jamais, surveillant tout, se tenant toujours prêts à entrer dans notre corps pour nous anéantir.

« Quand vous partez à la chasse, notamment à l'ours, faites très attention aux traces que l'animal laisse sur la glace et sur la neige, les grandes sont celles de *nanok*, l'ours blanc, les petites sont celles de *hilak*, l'ours noir que seuls les chamanes peuvent voir.

Au camp, durant les préparatifs de voyage

Quand vous allez à la pêche, soyez vigilants car *iner tewat*, l'esprit des eaux, se présente sous la forme d'un gros poisson de diverses couleurs, aux yeux exorbités et aux bras multiples capables de vous entraîner au fond de la mer. »

Généralement, après sa longue explication sur la légende de Noulajiouk, Hilla, perdue dans ses pensées, terminait par son traditionnel *amalo*, eh bien, voilà. Puis, se plongeant à nouveau dans une méditation des plus profondes, lentement elle s'animait en agitant son *krida*. Les sons émis suivaient un rythme pressant, comme immatériel. Puis la voix d'Hilla s'élevait sans timbre, dans un langage que seuls pouvaient comprendre les initiés, puisqu'il s'adressait aux esprits. Notre chamane, dans un état semi-extatique, se mettait alors à danser, on n'entendait plus que sa respiration saccadée. L'assistance était subjuguée, tous étaient transportés par les faits et gestes de cette femme.

Après un temps qui nous paraissait très long, elle ralentissait enfin la cadence, reprenant son souffle normal. À ce moment très précis, nous savions tous qu'elle était entrée en contact avec les esprits. La séance se terminait par des gémissements plaintifs, les participants étaient alors assurés que, dans les jours suivants, de nombreuses guérisons interviendraient.

Au début de la cérémonie, les esprits étaient irrités par les multiples infractions que les hommes commettaient vis-à-vis des tabous. Puis, peu à peu, ils se calmaient, permettant ainsi à chaque être de retrouver une vie plus normale. Lentement Hilla récupérait, revenait avec nous. Elle demandait que beaucoup de lampes à huile soient mises en action pour faire une grande lumière. Dès que sa voix était redevenue normale, elle racontait son voyage dans le monde des esprits, les recommandations qu'elle avait reçues pour tous, énonçait ce que chacun devait faire pour mettre en péril les esprits malveillants encore présents. À ce moment, elle sortait de son sac à médecine diverses petites choses, parmi lesquelles un petit morceau de peau de poisson qu'elle donnait aux pêcheurs, tel un porte-bonheur. Elle distribuait également des serres de chouettes qui, cousues à l'intérieur des vêtements, protégeraient ceux qui allaient partir à la chasse pour une longue période. Elle donnait aussi des fragments de stéatite : cette pierre, frappée par la foudre, avait la propriété de protéger des tempêtes. Aux femmes, elle remettait des griffes d'ours, formidables amulettes contre les mauvaises rencontres mais aussi des arêtes de saumon, petits éléments qui facilitent les tâches de couture. Aux enfants, elle donnait une sorte de collier fait de deux petits morceaux de bois, auxquels étaient suspendues des pattes de *serfak*, le guillemot à miroir qui, l'été, niche dans les falaises. Cette amulette, l'*arnaguaq*, protège les enfants. D'ailleurs, souvent Hilla racontait la légende qui s'y rapporte :

«Il y a bien longtemps, des enfants jouaient au sommet de la falaise de notre village, cette partie domine la mer de très haut, la banquise très compacte avait jusqu'à cette période de l'année empêché d'attraper des phoques. Mais ce jour-là, un mouvement de glace avait ouvert un vaste chenal, laissant des passages d'eau libre. Comme un beau soleil brillait de mille feux, les phoques en profitèrent pour se réchauffer aux premiers rayons de *tsere*, l'astre divin. Les chasseurs, ravis, profitèrent de cette aubaine pour capturer facilement les phoques, ils prirent leurs kayaks et partirent pour harponner le maximum de phoques. Ils demandèrent aux enfants d'arrêter leurs jeux, précisant que leurs cris risquaient d'effrayer les phoques et les faire fuir. Les plus turbulents n'écoutèrent pas les conseils et poussèrent des cris encore plus forts. Ce qui devait arriver arriva, les phoques effrayés disparurent. Le plus âgé des chasseurs, très en colère, lança en direction des enfants une sombre malédiction : je voudrais que cette falaise s'écroule et ensevelisse tous ces petits turbulents qui éloignent les phoques indispensables à notre nourriture. Soudain, le haut de la falaise se brisa de toutes parts, les malheureux enfants dévalèrent, tombant dans les eaux de la mer. Noulajiouk, la déesse de la mer, qui rôdait par là, comprenant le mauvais sort réservé à ces enfants, les transforma aussitôt en guillemots à miroir, ainsi ils purent se rattraper et atterrir sur leurs pattes rouges et se poser sur les galets, au pied de la falaise.

« Depuis cette histoire, cette espèce d'oiseau vit encore là et niche toujours dans les rochers. Quand je trouve un guillemot mort, je récupère ses pattes pour en faire des amulettes pour la protection des enfants ».

Hilla, en transe, captivait son auditoire, les patients aiment entendre ces histoires et celles sur les rapports qu'ils ont avec la nature.

D'ailleurs, elle poursuivait :

« Les chasseurs connaissent bien *auvek*, le morse, c'est un animal curieux et dangereux. Quand le morse s'approche du kayak, le chasseur est presque toujours saisi d'un moment de panique. Ce mammifère marin, d'une grande curiosité, s'approche au plus près de l'embarcation et tente de la renverser en y enfonçant ses deux défenses. Les chasseurs disent de lui qu'il est féroce, qu'il a du sang dans les yeux. En plus des frayeurs qu'il inspire, sa viande est toxique. Il n'y a donc pas de raison de le chasser, toutefois quand les Inuit repèrent un squelette de morse échoué sur les plages, ils récupèrent les deux défenses qui, selon la croyance, lorsqu'elles sont accrochées aux vêtements évitent les mauvaises rencontres. En revanche, les chasseurs aiment bien capturer un *tuvalik*, le narval, dont ils apprécient la peau aux reflets bleutés, mais surtout la grande incisive hypertrophiée qui, parfois, mesure jusqu'à un mètre cinquante. Ils récupèrent cet ivoire porteur de grands pouvoirs magiques. Sans attendre, dès leur retour de chasse, ils confient cette dent au sculpteur de *tupilek*. Pas très loin d'Ikateq, un homme est particulièrement réputé pour ses excellentes connaissances en matière de magie. Il passe son temps à sculpter ces petits êtres composites qui représentent de grotesques figures d'animaux ou des formes plus naïves d'animaux marins, voire des êtres imaginaires. Ces sculptures, toujours de petite taille, sont faites pour être tournées et retournées dans la main. Jadis, j'allais souvent rendre visite à ce sculpteur, j'aimais voir avec quelle dextérité il effectuait son travail et surtout j'adorais écouter les histoires qu'il racontait au sujet des *tupilek* : – L'âme de ces statuettes vit dans l'une des superpositions des sept ciels. On ne peut voir ces âmes qu'au moment des aurores boréales. Dans la croyance des Inuit, les aurores boréales sont telles des torches entre les mains des esprits partis à la recherche de l'âme de ceux qui viennent de mourir. Ces lumières

Tupilek

ont pour mission de guider les âmes vers la clarté et l'abondance ; lieux où la maladie et la souffrance n'ont plus cours. Ce sont ces esprits que l'on doit faire pénétrer dans les *tupilek.* Ceux qui possèdent ces statuettes chargées de magie sont en mesure de communiquer avec leurs défunts, ils leur font passer des messages et demandent leur protection pour la vie sur terre, ce type de demande spécifique intervient lorsque les aurores boréales illuminent le ciel. »

Souvent, le long des côtes, je croise ce sculpteur, il est à la recherche du bois de flottage que ramènent les grandes tempêtes. Chez nous, au Groenland, nous n'avons pas de forêt donc pas de bois, aussi celui qui s'échoue sur nos plages constitue une matière première précieuse pour la fabrication de nombreux objets du quotidien. Mais notre sculpteur, lui, récupère ces petits morceaux pour en faire des masques utilisés, non pas à des fins religieuses ou magico-religieuses, mais plutôt à l'occasion des danses mimées, qui mettent en scène plusieurs danseurs.

Au cours de ces cérémonies, les acteurs, les uns après les autres, entrent dans la ronde en imitant, de la manière la plus satirique qui soit, les défunts ou bien un membre du groupe. Les Inuit sont friands de ce genre d'amusement, ces séances amusent toujours beaucoup les participants, mais lorsque les propos deviennent vexatoires, l'esprit de la cérémonie se dégrade bien vite.

À l'occasion de ces soirées collectives, beaucoup d'*imiak* est consommée. Certains hommes ivres développent alors une agressivité dangereuse. Malgré ces inconvénients, ces réunions perpétuent nos traditions orales et alimentent une littérature qui, sans cesse, vient enrichir le fonds culturel de notre groupe.

Je me souviens particulièrement d'une saynète que

mimait très bien un couple de petits vieux du village : il s'agit de l'histoire de la lune, du soleil et des étoiles. Sans doute t'en souviens-tu, je t'ai parlé d'une séance de magie dans laquelle Hilla racontait qu'au moment de notre apparition sur terre, celle-ci était complètement plate. Un *inouk*, un homme, avait alors surgi des profondeurs, et fabriqué deux femmes d'argile pour leur donner vie. Eh bien, et c'est là que l'autre histoire commence : à ce moment-là, les ténèbres étaient totales.

Malgré cette difficulté, l'homme de la terre fabriqua un couple pour procréer et fonder une tribu. Mais pour éviter que tous ne soient frères, l'homme de la terre s'était déplacé vers une autre région et, avec une argile différente, il avait fabriqué un deuxième couple. Si bien que deux populations, sans parenté aucune, allaient naître. « L'homme esprit » leur avait indiqué les règles d'une vie sociale et avait énoncé les nombreux tabous qui interdisent l'accouplement au sein d'un même groupe.

Terrianniaa, *le renard polaire* (Alopex lagotus) *de couleur blanche ou bleue, est très recherché pour la beauté, la souplesse, la douceur de sa fourrure qui souvent orne les cols, les poignets, les bas de pantalon des vêtements eskimos.*

Un jour, l'une des très jeunes filles de la première tribu commença à recevoir des visites d'un homme qui lui procurait beaucoup de plaisir. Comme les ténèbres étaient totales, elle ne pouvait le reconnaître. Poussée par la curiosité, elle imagina une invention d'importance pour la suite de notre civilisation. Elle réussit avec de la graisse de phoque et du lichen séché à faire une sorte de torche et, à l'aide de deux galets, elle obtint les étincelles nécessaires pour enflammer le bout de cette torche. Elle venait d'inventer le feu pour les Inuit. Acharnée à connaître l'identité de celui qui lui rendait visite, elle trouva une astuce : elle enduisit sa poitrine du gras noir de la torche et poussa son amoureux à lui embrasser les seins. Après leurs ébats, elle alluma une nouvelle torche, ce qui lui permit de découvrir, avec horreur, le visage et la bouche de son propre frère noircis par la suie. Il n'y avait pas de doute sur l'identité du clandestin. Très en colère, la jeune femme se mit à poursuivre son frère avec sa torche. Celui-ci, pour lui échapper, monta directement au ciel, elle suivait derrière, les étincelles qui s'envolaient de la torche devinrent alors les étoiles. La jeune femme, la torche à la main, devint le soleil, son frère la lune. C'est pour cette raison que, depuis toujours, le soleil est à la poursuite de la lune. Les éclipses leur donnent l'occasion de se retrouver, mais le soleil donne alors à la lune de violents coups de torche qui, aussitôt, se transforment en une multitude d'étoiles.

J'ai passé près de dix années au côté d'Hilla, à me nourrir de son expérience en matière de magie. J'ai tout fait, y compris tous les efforts pour lui éviter les corvées domestiques, mais cela ne l'a pas empêchée de décliner peu à peu. C'était surtout les cérémonies de

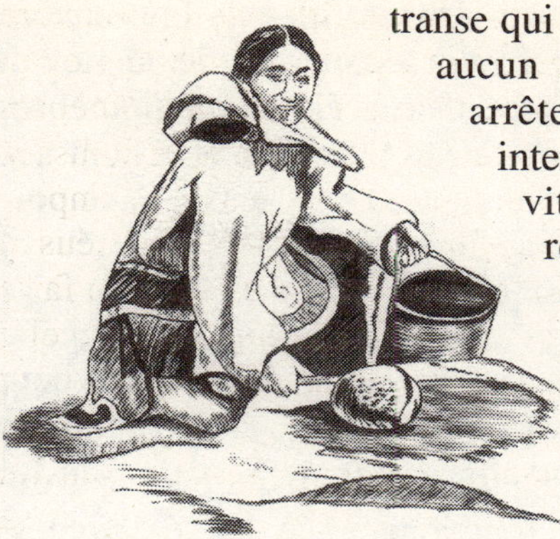

Laura puisant de l'eau au dégel

transe qui l'épuisaient, mais en aucun cas elle ne voulait arrêter. J'ai fini par lui interdire ce type d'activité. Comme elle se rendait parfaitement compte de son état de faiblesse, elle me demanda de la remplacer. J'aimais la confiance qu'elle plaçait en moi, mais j'étais terrifiée à l'idée de faillir et de mettre en péril mes patients. D'autre part, je me disais qu'un jour ou l'autre, il faudrait mettre en pratique, seule, tout ce que j'avais appris, afin que ma vocation véritable se réalise. Aussi, mes débuts furent extrêmement difficiles, j'avais du mal à atteindre l'état d'extase dans lequel elle avait l'habitude d'aller. Mon niveau me permettait simplement de communiquer avec les esprits, mais sans toutefois pouvoir inviter les présents à y participer. J'aurais dû les conduire, eux aussi, à l'extrême limite du conscient. Malgré mes efforts, et en puisant dans toutes mes connaissances, je ne parvenais pas au but recherché, aussi ces séances n'apportaient que peu de résultats. Plusieurs fois, j'ai exprimé à Hilla mon découragement, mon désir de tout abandonner, mais comme à l'accoutumée, attentive, elle m'a encouragée en m'expliquant que je devais persévérer dans ma quête des pouvoirs et elle ajoutait :

« Je sais que tu as en toi une force mystérieuse qui, un jour, te permettra de posséder ces pouvoirs. Il faut que tu sois patiente, peut-être que ton esprit protecteur attirera sur toi le regard des dieux. Ta vie se trouve maintenant dans une sorte de macération douloureuse, d'un monde souvent fait de souffrances et d'humiliation, mais tu le sais, je ferai tout ce qui est en mon pouvoir pour t'aider, te protéger. »

Ces paroles étaient pour moi bienfaisantes. Sans cesse, avec acharnement et opiniâtreté, j'étais à la recherche de ce que l'on appelle les esprits auxiliaires qui, eux seuls, me permettraient d'atteindre l'état d'extase nécessaire au bon fonctionnement des cérémonies. Au fil du temps, j'avais acquis une bonne connaissance des plantes car autant notre végétation peut apparaître pauvre, amoindrie, autant elle tient une grande place dans notre vie. Nous pensons que la plante et sa fleur absorbent le magnétisme vital de la terre et celui du soleil. Toutes ces vibrations bénéfiques, lorsqu'elles sont captées, peuvent nous aider à agir sur les phases dites « à visiter ».

Chez nous, il y a une plante appelée *kupalarssuit kafé*, le café du bruant des neiges. Cette appellation bizarre s'explique par le fait que le bruant des neiges se régale des graines de cette plante. Quant à nous, nous la faisons torréfier, avant de la faire bouillir dans l'eau ; cette préparation nous donne une sorte de café. Personnellement, je faisais griller les petits grains tout en respirant la fumée qu'ils dégageaient. Peu à peu, cela me permettait d'être envahie par ce que nous appelons « l'âme du souffle ». Cette manifestation immatérielle me conduisait facilement vers les états de transe légère. J'accentuais ces passages vers d'autres mondes en buvant de grandes quantités d'infusions très chargées de *kajaussat*, le *Ledum palustre*, appelé plus communément « le thé du Labrador ».

À ce moment de ma vie, je ne me rendais pas tellement compte que je progressais dans la connaissance des pouvoirs merveilleux et que je pénétrais de plus en plus au cœur des mystères des dieux et de la nature. J'étais encore trop sous l'influence d'Hilla qui me parlait de tout ce qui m'arrivait, de tout ce que je ressentais. Elle me guidait et ne manquait pas de me prodiguer de nombreux conseils, tout en essayant de corriger les erreurs que je pouvais commettre.

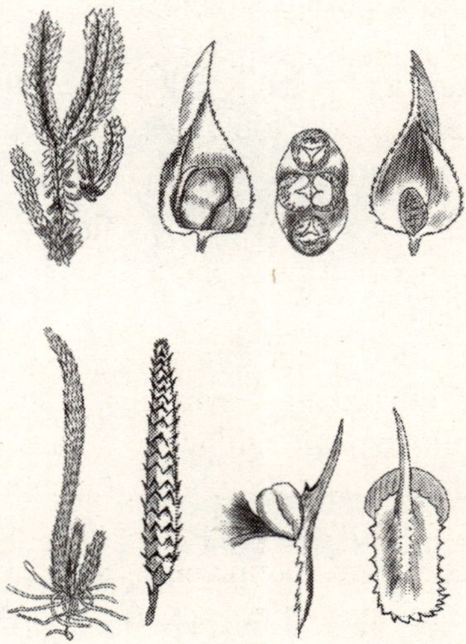

Le thé du Labrador (Ledum palustre), *plante odorante et aromatique. Les Inuit l'appellent* qagiassak, *qui signifie « kayak », car la forme des feuilles rappelle ce type d'embarcation ; les feuilles de cette plante très répandue servent à faire des infusions digestives. Les fleurs blanches sont mises à sécher pour elles aussi faire des infusions très efficaces en cas de bronchite.*

Ces dix années ont passé telles des météorites dans l'espace. J'étais tellement attachée à cet apprentissage du chamanisme que c'est à peine si j'ai vu défiler les mois, les années. Cependant un événement grave m'a rappelé les dures réalités de la vie : la mort d'Hilla. Jamais je n'avais réellement connu son âge. Durant toutes nos années de vie commune, elle n'avait quasiment subi aucune transformation physique. Aussi me paraissait-elle immortelle. La perte d'Hilla a, pour moi, été un choc effroyable.

La veille de ce drame, Hilla avait déjà donné des signes de grande faiblesse. Elle m'avait d'ailleurs raconté l'un de ses songes de la nuit précédente :

« J'étais sur la plus haute falaise de notre village, je scrutais le dôme de la voûte céleste, mon regard s'est arrêté sur le ciel très bleu, ce ciel qui est notre source de lumière et de chaleur. Soudain, tout s'est obscurci, j'ai alors vu passer dans ce ciel deux vieilles femmes qui traînaient des outres d'eau, grosses comme des nuages. Par les coutures de ces outres, l'eau s'échappait, tombant en pluie sur la terre. Quand les deux vieilles femmes se sont parlé, leurs voix ont grondé comme le tonnerre. J'ai alors vu apparaître l'*arsanek*, l'aurore boréale, celle qui permet aux esprits du ciel d'allumer leurs torches dont les étincelles sont devenues des éclairs. L'une des étincelles m'a frappée à l'épaule, je me suis alors réveillée, je savais que je mourrais bientôt, que mon âme s'en irait de mon corps pour se rendre dans le séjour d'en haut. J'aurais préféré partir plus jeune car ma vie terrestre a été bien longue et bien difficile. J'ai souvent souffert et j'ai beaucoup travaillé, aussi je pense que les esprits me gratifieront du paradis le plus haut du ciel, celui où le gibier

certains voisins immédiats qu'il préparait une meute de chiens mais… pour deux traîneaux ! Comme personne ne l'appréciait vraiment dans le village, chacun se demandait qui allait l'accompagner. Mais tous semblaient connaître la réponse. Tous avaient remarqué les nombreuses visites que Tiri me rendait.

Un matin, avant la visite de l'homme, je m'étais levée très tôt, j'avais préparé un ballot qui contenait du pemmican, de la viande de phoque séchée et coupée en lanières, du lichen séché et de la graisse pour faire le feu. J'avais ajouté le vieux fusil de mon père, quelques vêtements de rechange, le tout roulé dans une grande peau de caribou qui me servirait pour dormir. Ensuite, j'avais commencé à briser les portes et les fenêtres de la maison d'Hilla. Comme tu le sais, chez nous, quand un locataire ou un propriétaire quitte une maison, pour longtemps ou pour ne pas y revenir, il casse portes et fenêtres pour laisser échapper les mauvais esprits que la maison pourrait encore contenir et qui risqueraient d'agresser tout nouvel occupant. Certainement averti de mes préparatifs par les autres, Tiri se mit en marche. Je le vis soudain apparaître, conduisant avec difficulté ses deux attelages à la fois. Sans un mot, il mit l'un des traîneaux de son attelage à ma disposition. Je connaissais par cœur les gestes à faire dans ces conditions.

Sans un geste d'adieu, sans un regard pour le village et ses habitants qui nous avaient longuement observés, nous nous sommes engagés en direction du nord en nous enfonçant dans la toundra* encore recouverte de neige et de glace. À ce moment précis, toutes nos pensées allaient vers le souvenir d'Hilla.

L'indifférence des gens à notre départ était égale à la nôtre. Pour les Inuit, souvent l'expression des sentiments n'est pas visible, ce sont les gestes qui traduisent les émotions.

Cette première journée, nous avons parcouru une grande distance. Tiri connaissait admirablement les terrains, et surtout, il choisissait les moins accidentés. De plus, la neige était excellente pour la glisse et nos chiens étaient encore frais et dotés d'un grand désir de courir malgré la charge importante que nous leur imposions sur les traîneaux. Mon compagnon avait pensé à tout. Il n'avait pas hésité à emporter d'importantes réserves de nourriture pour nous et aussi pour nos attelages.

* Terme lapon désignant la plaine.

Dès le déclin du soleil, toujours grâce aux connaissances de Tiri, nous avons gagné une petite grotte où nous avons passé la nuit. Enroulée dans ma peau de caribou, juste avant le sommeil, je me faisais une réflexion sur ce qui m'avait poussée à suivre cet homme et, du même coup, me retrouver à vivre les conditions d'un long et certainement difficile déplacement.

Toi qui connais bien notre histoire, tu peux comprendre ce genre de décision. Ce sont des pratiques courantes chez nous. Tu le vois, certains, par moments, n'hésitent pas à quitter leur actuelle vie douillette pour, le temps d'un déplacement, renouer avec le nomadisme, mode de vie de nos ancêtres. Eux étaient obligés de vivre ainsi afin d'assurer leur nourriture, et ils étaient en permanence à la poursuite d'un gibier aléatoire.

Ce soir-là, subitement, je me sentais heureuse, apaisée, rassurée par la présence de Tiri. Fort de son expérience, il paraissait capable d'affronter les pires situations. Au fond de moi-même, je dédiai ces moments de bonheur à mon père Anok, qui aurait apprécié d'être là, en notre compagnie.

Nous avons avancé ainsi pendant près d'une semaine. Les étapes ne pouvaient durer que cinq ou six heures. Le terrain était si accidenté qu'il aurait été dangereux de vouloir faire plus, surtout en dehors des heures de grande clarté. Nos parcours étaient rythmés par la recherche d'abris pour la nuit. En fait, c'était surtout des grottes. La neige n'était plus assez ferme pour construire un igloo, mais les nuits étaient encore trop froides pour envisager de dormir dans des huttes de peaux. Un matin que Tiri sortait de l'une de ces grottes, un vent violent happa son capuchon et le fit voler. L'inquiétude s'inscrivit sur le visage de mon compagnon. Il m'annonça en regardant le ciel bas :

« Voici un grand blizzard de printemps, il risque de durer quatre à cinq jours tout en faisant descendre les températures de manière importante. Je pense qu'il est préférable de rester à l'abri dans cette grotte. Il y aura certainement de grosses chutes de neige. Pour le moment, nous avons de la nourriture. Alors, soyons patients, attendons la fin de cette tempête. »

Tiri avait raison, car parfois, les tempêtes de printemps sont terrifiantes. Nous avons tous en mémoire des histoires que racontent les anciens où certains hommes, n'ayant pas voulu suffisamment se protéger, sont morts de froid à quelques mètres de leur igloo. Dans ce pays des neiges et des glaces, la vie est difficile, en conséquence, chez nous, la patience est une vertu capitale. Nous nous sommes donc installés dans cette petite grotte. Heureusement, le trou d'accès était étroit. Cela nous permit de bien boucher l'ouverture. Notre rythme de vie s'est alors adapté à une certaine immobilité consistant à dormir, à s'éveiller, à attendre et à satisfaire son appétit. En quelque sorte, il s'agissait de s'installer dans une vie amorphe et végétative. Comme Tiri n'était pas très bavard, et je ne l'étais pas non plus, nous avons attendu en silence la fin de ces conditions climatiques extrêmes.

Les prévisions de Tiri allaient s'avérer inexactes. La tempête dura plus de dix jours, au point que nous étouffions presque dans l'air vicié de la grotte. Nous étions dans l'impossibilité d'aérer vu la force du vent. Puis, lentement, le calme est revenu.

Lorsque nous avons risqué une sortie, nous avons découvert une neige abondante. La toundra environnante était entièrement recouverte. Nos six chiens, pour se protéger de ces éléments en furie, s'étaient ménagé des sortes de petits igloos dans l'épaisseur de la neige.

Eux aussi, sentant le calme revenu, étaient impatients de se lancer dans de nouvelles courses. Un épervier passa très haut dans le ciel. Venant certainement du sud, il se dirigeait vers les terres du nord. Son vol annonçait le retour d'un meilleur temps. Le soleil, qui brillait de mille feux sur la neige fraîche et immaculée, nous incitait à poursuivre notre voyage. Je pense qu'une tempête printanière aussi forte et aussi inhabituelle avait, cette année, eu des répercussions sur les conditions climatiques des autres saisons.

Au fil des jours qui suivirent, le soleil toujours présent avait nettement réchauffé l'atmosphère, faisant quasiment fondre l'importante couche neigeuse. Comme nous entrions dans une région entrecoupée de nombreux lacs et fjords, il nous fallait redoubler de prudence pour les traverser. C'était l'époque où les ponts de glace se fragilisent, et deviennent très dangereux. Là, une nouvelle fois, l'expérience de Tiri semblait à toute épreuve. Je n'en étais que plus admirative. Plus nous remontions en direction du nord, plus les glaces et la neige avaient quasiment disparu. Il est vrai qu'en cette fin du mois de mai les températures devenaient particulièrement douces. J'avais rarement connu une telle avance au cours de ces journées d'été. Quoi qu'il en soit, nous profitions totalement de ces belles et longues journées. Comme la région traversée alors était très montagneuse, nous devions suivre des pistes proches des côtes. Les nombreux fjords, qui découpent le littoral et s'enfoncent profondément dans les terres, nous obligeaient à des détours importants.

J'étais cependant très sereine, j'avais totalement confiance en mon guide qui se révélait un homme plein d'attentions à mon égard. J'étais captivée par l'apparition des plantes qui, sous l'action du chaud soleil, semblaient pousser presque à vue d'œil. C'était extraordinaire. Les mousses, très vertes en cette saison, recouvraient toute la surface du sol, sauf en certains endroits où domine le permafrost, la glace éternelle, qui empêche l'eau de s'écouler. L'air ne peut donc circuler, l'oxydation du sol est alors ralentie et, cette surface devient stérile avec une glace qui descend parfois à plus de cinquante ou cent mètres de profondeur.

Dès que le soleil disparaît, le sol garde beaucoup de fraîcheur, c'est pour cela que nous n'avons, sur tout notre territoire, qu'une végétation rachitique, constituée simplement d'une herbe rase, de lichens, de mousses et sans aucun arbre.

Jeunes Inuit en habit traditionnel

Le printemps est un moment de l'année où l'on assiste à un phénomène très particulier ; sous l'action des vents chauds le permafrost se fendille, se crevasse, et alors la terre bouge. Dans cette région, ces mouvements sont particulièrement fréquents et parfois très inquiétants, cela ressemble aux tremblements de terre dont sont victimes certaines régions dans le monde. Mais les Inuit savent que ces mouvements du sol sont sans conséquence, aussi ils ne font l'objet d'aucune inquiétude.

En cette période de températures plus élevées, nous n'étions plus obligés d'orienter nos parcours en fonction des grottes, nous pouvions construire des huttes de peaux. Chaque fin de journée, je m'acquittais des corvées que toute femme inuit doit accomplir. Celles-ci incluent surtout la construction des huttes et l'aménagement de leur sol avec de la mousse fraîche battue pour obtenir le meilleur moelleux possible. Ensuite, vient l'installation des pierres pour le foyer qui, selon la force des vents, sont disposées soit à l'intérieur soit à l'extérieur de la tente. Quand je faisais le feu à l'intérieur, je découvrais alors le trou du sommet de la hutte, qui servait tout à la fois de trou d'évacuation des fumées, mais aussi d'aération. L'entrée de la hutte était maintenue fermée grâce à une grande peau retenue par de lourdes pierres posées sur le sol.

Un jour, le pas de Tiri se fit plus pressé. Il m'annonça qu'il souhaitait arriver assez rapidement dans un village qu'il connaissait bien. Il prétexta aussi que nos réserves de nourriture étaient presque épuisées. C'était vrai car Tiri, pendant ce déplacement, n'avait jamais pris le temps de chasser. Quelques jours après, nous sommes arrivés dans ce petit village, qui, par bien des aspects, ressemblait à Ikateq. Une maison était libre de ses occupants, nous en avons pris possession. Mon compagnon souhaitait chasser et pêcher dans ce secteur réputé riche en faune terrestre et maritime. D'autre part, Tiri m'annonça qu'il espérait tuer des loups et surtout un ou plusieurs ours, pour offrir les peaux à certains membres de sa famille qu'il avait délaissés depuis très longtemps. À ce moment-là, il m'avoua qu'il n'avait même jamais donné de ses nouvelles. Effectivement, les jours qui suivirent, je ne vis pratiquement plus Tiri. Mais chaque fois, il revenait de la chasse avec, sur son traîneau, de nombreuses captures. Un jour, il revint avec la dépouille d'un grand loup blanc qu'il avait traqué pendant plusieurs jours. Auprès des villageois, cela ajouta un peu plus au prestige de grand chasseur que connaissait déjà Tiri.

De retour, il me demandait de dépouiller les peaux, de les tanner selon le mode et la tradition inuit, c'est-à-dire en les traitant à l'urine. Ensuite, je les mâchais longuement pour les assouplir. Je devais également mâcher et tordre les entrailles de ces animaux tués pour en faire du fil ou des lanières.

Autrefois, ma mère Cécilia et Hilla faisaient aussi ce travail. J'y avais rarement participé car je n'appréciais guère ce genre de corvée, mais, pour faire plaisir à Tiri, je l'exécutais sans rechigner. En plus, une voisine venait souvent m'aider et me prodiguait ses conseils. Cette compagnie m'était agréable, ses bavardages racontaient les histoires des unes et des autres et elle m'apprenait ainsi à connaître les gens de ce village. Sans m'en rendre compte, je me laissais même aller à mes propres confidences. Ce qui intéressait le plus cette femme, c'était de

Lagopus mutus (*lagopède des saules*)

savoir si Tiri était vraiment « mon homme ». Quand un jour je lui avouai qu'il ne m'avait jamais touchée, elle partit d'un grand éclat de rire incrédule. Je devais, dans les jours suivants, regretter cette confidence.

Tiri, un soir, me dit que nous allions bientôt repartir. À nouveau, il me précisa que dans ce village il était un chamane reconnu pour ses talents ; aussi, les habitants lui avaient demandé d'organiser, la veille de notre départ, une soirée chamanique. Tiri y serait même confronté à un autre homme chamane qui venait juste d'arriver.

Le lieu choisi pour cette soirée était la plus grande pièce de la maison de notre voisine. Tout le village assistait à cette séance. Nous étions entassés les uns contre les autres. L'*imiak* coulait à flots dans les gorges, cela à cause de la chaleur intense qui régnait dans cette pièce surpeuplée. Déjà, des ronflements indiquaient que certains, avant même que ne débute la soirée, étaient vaincus par l'alcool et s'étaient endormis sur place. En plus, les deux chamanes avaient commencé à s'affronter avec leur *krida*, ils offraient ainsi une musique lancinante propice au sommeil. Cela était une mise en condition pour les états de transe qui allaient suivre.

Tiri resta un moment seul au milieu de la pièce, les yeux quelque peu exorbités. Il commença par des agressions verbales adressées à chacun des présents qui, en général, n'aimaient pas entendre ce genre de vérités crues sur leurs défauts. En revanche, les autres participants riaient à gorge déployée surtout quand l'histoire avait un rapport avec les problèmes sexuels des uns et des autres.

J'étais un peu interloquée par l'attitude de mon compagnon, sa violence verbale du moment ne correspondait pas du tout au personnage qui m'avait jusqu'alors accompagnée au quotidien. Chez mes parents, tout comme chez Hilla, j'avais déjà participé à des soirées semblables, au caractère surtout thérapeutique, mais jamais elles n'avaient sombré dans le grivois grossier auquel j'assistais à ce moment-là. Puis, Tiri fit place à son compère, l'autre chamane, lui aussi continua sur la même lancée, et toujours s'assombrissaient les visages des mis en cause tandis que les autres riaient aux larmes.

Falco peregrinus ,
ou faucon pèlerin (45 cm)

Je n'aimais pas du tout la tournure prise par cette soirée, mais ce fut bien pire au moment où le chamane, gestes et paroles à l'appui, annonça à tous ma virginité. Je compris immédiatement l'imprudence des confidences faites à la voisine. Elle s'était empressée de tout raconter. Tiri fut même mis en cause sur ses capacités sexuelles avec les femmes.

Depuis plus de deux mois que nous vivions ensemble, il n'avait, selon les histoires du chamane, jamais profité « de mon ventre ». Cette histoire apparaissait incroyable à cette communauté perdue dans ce bout du monde. Cela n'était pas du tout habituel. Même ses qualités de chasseur furent revues à ce moment-là. Le visage fermé de mon compagnon en disait long sur ses pensées intérieures. Mais la règle traditionnelle empêche l'agressé de répondre immédiatement. Il lui faut attendre une autre confrontation pour que le sujet sur lequel il a été mis en cause puisse être démontré par des arguments contraires, apportant ainsi une autre vérité. La séance se prolongea longtemps dans la nuit mais sans intérêt, presque tous les participants étaient ivres. Quant à nous, nous agitions nos sombres pensées. Heureusement, le lendemain nous quittions ce village où, en une seule soirée, j'avais perdu la face et Tiri sa réputation et son honneur.

Tout comme le harpon, l'arc et les flèches faisaient partie du matériel du chasseur.

TOUJOURS VERS LE GRAND NORD...

Nos chiens étaient également contents de ce départ. Depuis tous ces jours passés avec eux, je m'étais habituée à leurs réactions et eux m'avaient acceptée. Tout comme me l'avait appris Anok mon père, j'avais disposé ma meute en éventail, le chien de tête, encadré de ses deux femelles favorites faisait régner sa loi sur tout le reste du groupe.

En l'observant, j'avais constaté qu'à l'approche du danger, il était doté d'un flair exceptionnel, qualité non négligeable surtout en cette saison où nous traversions des zones encore enneigées. Constamment, il se méfiait des plaques de neige d'à peine deux ou trois centimètres d'épaisseur qui recouvrent les ponts de glace et qui, souvent, cachent des crevasses profondes où la moindre chute est mortelle.

Parfois, mon chien de tête nous imposait de longs et lents détours qui souvent agaçaient Tiri, il trouvait alors que nous n'avancions pas assez vite.

Taciturne, il était évident que les pensées de mon compagnon n'étaient pas pour les chiens. C'est sans une seule parole échangée que nous sommes arrivés au terme de l'étape du jour. Sans perdre un instant et d'une manière presque automatique, j'ai effectué la mise en place de nos deux huttes, puis j'ai préparé le repas du soir et me suis préoccupée de nourrir les deux meutes de chiens. Rien que des gestes ordinaires dans une journée de grands déplacements. Ce qui n'allait pas être ordinaire, c'est la suite de la soirée.

Dès la fin du repas, pris toujours sans parole, Tiri entra dans sa hutte, moi dans la mienne. Mais, quelques minutes après, alors que je m'apprêtais à plonger dans un sommeil réparateur et tandis que j'étais déjà à demi inconsciente, je vis soudainement apparaître Tiri qui se jeta sur moi en m'arrachant mon pantalon de peau et me viola malgré mes cris, mes coups et mon rejet.

Certes, il était beaucoup plus fort que moi, aussi il me fit très mal. Sans un mot, après cet acte brutal, il regagna sa hutte. Meurtrie dans mon corps et dans mon esprit, je pleurai toute la nuit. Mais que pouvais-je faire ? Perdue au milieu de cette toundra glacée, je ne pouvais que subir la loi de cet homme. Je compris aussi que Tiri, à travers cette grande brutalité et ce viol, se lavait des propos injurieux qui lui avaient été adressés au cours de la malheureuse soirée.

Cet acte marqua un changement dans la qualité de nos rapports, désormais il ne me respectait plus et m'imposait son autorité de mâle. Par la suite, chaque soir il venait dans ma hutte, pour des étreintes rapides, et, à ma grande honte, je commençais à y trouver du plaisir. Une joie, jusqu'alors inconnue en moi, entrait dans ma personne. Je subissais une mystérieuse attirance qui tiédissait ma chair et troublait mon âme.

Les jours suivants, avec le même rituel, nous avons traversé un grand territoire, très tourmenté par les nombreux fjords qui, profondément, entaillaient la montagne.

Vers la fin du mois d'août, nous avons, enfin, atteint le village d'origine de Tiri. Tout ce long parcours fut fait sans pratiquement une seule parole, juste quelques mots échangés pour l'essentiel. À l'arrivée à Scoresby Sund, une nouvelle déception m'attendait. Tiri m'avait promis une belle maison de bois danoise, alors qu'il m'entraîna vers une petite maison faite de pierres et de tourbe, sans aucun confort, avec un intérieur très sale. Tiri, accaparé par la joie de retrouver les siens, ne se préoccupa pratiquement plus de moi. Le bruit de notre mésaventure au cours de la fameuse soirée avait franchi les distances ! Les parents et amis de Tiri me regardaient très froidement. Face à ce désintéressement général, je devais m'occuper de moi-même et pourvoir à mes propres besoins de nourriture. Je me sentais bien seule. En plus je venais de m'apercevoir que j'étais enceinte de près de deux mois.

Occupée à gérer mon quotidien, à donner un peu de confort à ma modeste maison, je n'avais presque pas eu le temps de voir arriver l'hiver qui commença par d'importantes chutes de neige recouvrant entièrement le permafrost. Puis, un matin, le blizzard du nord se mit à souffler violemment. Heureusement, j'avais bien calfeutré tous les orifices de la maison. J'avais même pu me procurer un poêle à pétrole qui donnait un peu de douceur à l'intérieur de la petite maison.

J'organisais ma vie dans cette région du bout du monde appelée « le pays des grands froids ». J'avais, tant que cela était encore possible, chassé, pêché et fait d'importantes réserves de nourriture et de graisse. Je sortais peu de la maison, mais j'avais fréquemment la visite de

Tiri qui ne venait que pour me prendre brutalement. Il arrivait et repartait, comme à l'accoutumée, sans aucune parole.

Larus argentus
(goéland argenté)

Au fil des jours, le plaisir que j'avais ressenti au début de notre relation se transforma en douleurs de plus en plus violentes. Je craignais de mettre en danger la vie de mon futur enfant. J'essayais de repousser Tiri, mais il ne voulait rien savoir. Un soir, n'en pouvant plus, je l'accueillis en braquant sur lui le vieux fusil de mon père et en lui demandant de m'entendre. J'ajoutai :

« Dans nos traditions, il a toujours été dit qu'une femme n'a ni le droit de penser ni le droit de parler. Ces temps-là sont révolus, j'ai acquis de l'instruction, j'ai fréquenté d'autres peuples, suffisamment pour savoir que ton comportement est devenu intolérable. J'ai accepté librement de te suivre. Au début, nos relations me convenaient. J'ai vécu, pendant notre long voyage pour arriver ici, des moments de bonheur forts et intenses, mais depuis cette séance chamanique, tu es totalement transformé. Peut-être, certaines des femmes qui nous entourent accepteraient-elles de vivre comme tu me l'imposes, mais sache que je ne suis pas comme les autres. Je refuse dès cet instant de poursuivre avec toi quoi que ce soit. Si tu redeviens tel que tu étais, alors nous reprendrons peut-être notre vie commune sinon, laisse-moi tranquille. »

Face à mes propos et mes menaces, le visage de Tiri était devenu sombre. Il s'installa entre nous un long silence que je rompis en ajoutant malheureusement :

« Je ne voudrais pas que tu te considères comme l'homme de ton surnom Agiortop, le mauvais esprit. »

En entendant cela, Tiri se leva et sortit de la maison, sans dire un mot. Je passai les heures suivantes à réfléchir sur les propos que j'avais tenus. Je savais très bien qu'il n'était pas dans les mentalités pour une femme inuit d'apostropher un homme de la sorte mais, en agissant ainsi, j'avais eu l'impression de sortir d'un état de coma, état que je n'avais jamais connu jusqu'alors. Je me sentais revivre, libérée, je retrouvais ma personnalité.

Quelques jours avaient passé, je savais par la rumeur que Tiri s'était à nouveau remis à boire de grandes quantités d'*imiak* et d'autres alcools. Il était, paraît-il, ivre en permanence. C'est dans cet état que je le vis apparaître un soir. La surprise fut totale. Je n'étais pas armée. Il s'en prit à moi en me frappant violemment, me jetant à terre, il s'acharna en me lançant de violents coups de pied dans le ventre. Je vivais là un terrible cauchemar.

Morses sur la plage de Port Foulke

Ayant assouvi sa rage, sans un mot, il ressortit de la maison, me laissant à même le sol totalement meurtrie. Dans les heures qui suivirent, je demeurai terrassée par les douleurs et je m'aperçus alors que j'étais victime d'une hémorragie vaginale.

Rassemblant les quelques forces qui me restaient, j'essayai tant bien que mal d'alerter mes voisins les plus proches pour demander du secours. Je n'avais eu depuis le début de mon séjour dans ce village, que peu de rapport avec les autres habitants. Mais vu mon état, un élan de solidarité se mit en place immédiatement.

Je ne le savais pas, mais il y avait une femme avec quelques talents de chamane-guérisseuse ; on la fit venir rapidement. Malgré les soins qu'elle me prodigua, je fis un accouchement prématuré. L'enfant n'avait pas résisté aux coups de Tiri. Ce petit garçon était mort dans mon ventre.

La stupeur fut grande dans tout le village, personne ne comprenait rien à l'attitude de Tiri. Si les Inuit savent que la colère existe, jamais ils ne la règlent avec de telles violences, et surtout pas sur une femme enceinte. De plus, mon enfant était de sexe masculin, drame qui dans l'esprit de tous était encore plus choquant que s'il avait occasionné la perte d'une petite fille. Tous, dès lors, furent très attentifs à mon égard. Je me remettais difficilement des chocs physiques et psychologiques que j'avais subis. Le conseil des anciens du village se réunit longuement. Une décision fut prise, celle de chasser à tout jamais du village cet homme qui avait failli aux traditions morales de la tribu et dont le comportement de violence avait mis fin aux jours d'un futur homme qui, aux dires de tous, aurait été un grand chasseur.

L'hiver fut rude, mais j'étais aidée par tous, pendant cette période, je n'ai manqué de rien. Je me remettais lentement. Aussi, dès le début du printemps, j'avais retrouvé toutes mes capacités physiques, cependant mon moral était encore très fragile. Je me remémorais les événements qui s'étaient déroulés là. Je me sentais très mal dans cette petite maison. Je souhaitais m'en éloigner au plus vite et oublier si possible tout ce qui s'était passé.

L'occasion se présenta au moment de la fonte des glaces, période à laquelle le bateau de liaison vient approvisionner le village en produits qui, aujourd'hui, sont devenus complètement indispensables à la survie de ce petit peuple. Je rendis visite au capitaine qui, gentiment, accepta de me prendre à bord pour me ramener à Angmagssalik. Le voyage fut long, le bateau pratiquait le cabotage de petit port en petit port. Mais peu importait car je me sentais délivrée de ce mauvais cauchemar.

Le jour de mon départ fut très émouvant. Tous les habitants étaient venus sur les rochers environnant la petite baie pour me saluer. Ces hommes et ces femmes qui mènent une vie rude n'ont pas pour habitude d'exprimer leurs sentiments. C'est en silence donc qu'ils me regardaient partir. Leur seule présence témoignait qu'ils avaient été marqués par ce qui s'était passé, et finalement, ils regrettaient de me voir partir. Au fond de moi, comme eux, je dissimulais mon émotion.

Assez tristement, j'embarquai sur le petit radeau qui devait me conduire à bord du grand bateau. Je ne pus m'empêcher d'esquisser un geste d'au revoir à tous, sachant bien que ce genre de manifestation n'appartient pas à notre peuple. Geste auquel répondit fortement par de brèves paroles l'homme le plus âgé du village :

« Rien ne sera tel qu'autrefois ! »

UNE AUTRE VIE

Un mois après, je débarquai à Angmagssalik, où une autre vie m'attendait. Après cette mauvaise expérience, je me retrouvais en ces lieux qui ne m'inspiraient pas de bons souvenirs. Le nouveau pasteur m'accueillit aimablement, il était en compagnie d'un Danois, un monsieur d'un certain âge qui s'appelait Hansen. J'appris avec surprise qu'il était le frère de Borg, le savant dont je t'ai déjà parlé. Avec ma famille, nous avions rencontré Borg sur le bateau qui nous emmenait à Rodebay. Cet homme nous avait pris en amitié et lors de ses fréquentes visites, il m'avait fait découvrir les nombreuses plantes de notre région et les propriétés médicinales qui s'y rapportaient. Il est un peu à l'origine de mes connaissances en botanique. Je lui dois beaucoup et j'ai gardé de cet homme le meilleur des souvenirs. Hansen avait à peu près la même spécialité que son frère. Il était membre du musée et du laboratoire botanique de Copenhague.

Depuis quelques mois, il séjournait au Groenland pour récupérer à la fois des fossiles et des météorites, c'était sa spécialité dans le cadre du jardin botanique. J'étais ravie d'avoir fait la connaissance de cet homme

Le rhododendron (Rhododendron lapponicum) *aux belles fleurs rouges est souvent utilisé pour la décoration des maisons au moment des fêtes. Les hommes portent alors les fleurs en collier.*
Le rhizome tubéreux (Polygonum viviparum) *donne également de belles fleurs rouges, blanches et jaunes ; les Inuit l'arrachent et consomment la racine cuite ; celle-ci ressemble alors à la pomme de terre. À la fin de l'été, quand le rhizome tubéreux est sec, les femmes récupèrent les graines ; torréfiées, elles seront consommées dans la soupe sous forme de semoule ou bien elles seront broyées, moulues pour être utilisées en guise de café. Les oiseaux eux aussi sont très friands de ces petites graines.*

qui, par bien des aspects, ressemblait à son frère quant à l'érudition, la simplicité, et la gentillesse. Comme je ne savais pas trop où aller ni que faire, le pasteur me proposa un logement provisoire.

Pendant mon séjour, j'ai souvent rencontré Hansen. Il était heureux de voir que son frère, aujourd'hui disparu, m'avait bien guidée dans la connaissance de la botanique. Je lui ai expliqué que j'étais devenue institutrice, tout en continuant d'apprendre et de rechercher tout ce qui composait l'histoire naturelle du Groenland. Je n'ai pas parlé à Hansen de mes activités liées au chamanisme, ni le temps passé avec Hilla, je n'évoquais que rarement cette période. Le pasteur qui assistait souvent à nos conversations insistait constamment pour que je reprenne la voie de l'enseignement : le Groenland manque d'institutrices, disait-il. Il me proposait de suite un poste à Angmagssalik même.

J'avais alors trente-cinq ans et beaucoup d'indécisions sur la suite de ma vie. Au cours de l'une de nos rencontres, Hansen m'annonça son prochain retour au Danemark. Il me fit une proposition surprenante : il m'invitait à découvrir son pays et si éventuellement je me plaisais au Danemark, il était prêt à m'accueillir dans sa famille. Hansen m'expliqua que lui et son épouse n'avaient pu avoir d'enfant. L'un et l'autre, malgré leur grand âge, seraient heureux de me recevoir dans leur maison. Il ajouta que je pourrais poursuivre des études dans un des laboratoires du jardin botanique.

Cette proposition a mille fois fait le tour de ma tête. J'ai longtemps hésité entre rester, comme institutrice, dans mon pays le Groenland ou bien découvrir grâce à la gentillesse d'Hansen un nouveau pays, commencer une nouvelle vie et surtout avoir la possibilité de perfectionner mes connaissances dans une science qui m'avait toujours passionnée.

À bien y songer, même pendant mon enfance, je n'avais pas beaucoup apprécié Angmagssalik. Si j'avais écouté les pulsions de mon cœur, c'est à Rodebay que je serais retournée. Cette terre où repose ma famille était également le lieu où j'avais le plus de souvenirs. Hansen sut faire basculer ma décision en évoquant le fait qu'aujourd'hui les liaisons aériennes, si fréquentes entre le Danemark et le Groenland, me permettraient de revenir souvent reprendre contact avec la terre de mes ancêtres.

Une fin de journée du mois de juin, j'arrivai avec Hansen à Copenhague. Madame Hansen, dont le prénom était Luise, nous attendait à la descente de l'avion. Tout de suite, cette femme merveilleuse m'a adoptée. Tout naturellement elle a toujours su comment faire pour tempérer mon caractère toujours un peu difficile. Elle m'accueillit dans sa maison avec une telle gentillesse que j'en oubliai mes premiers effrois face à cette énorme ville qu'est Copenhague. Cette ville agitée, bruyante, avec une très forte population et une circulation intense, représentait pour moi un véritable choc. Arrivant tout droit de la vie calme

Fratercula Artica.
Les macareux fréquentent les côtes rocheuses.

et naturelle de nos petits villages du Groenland, ce tourbillon permanent m'étourdissait. Heureusement, la patience et la douceur naturelle de Luise me permirent de m'adapter assez vite à cette nouvelle vie. Je crois que, sans cette personne, je serais repartie vivre dans mon pays. Avantage supplémentaire à mon adaptation, la maison de mes hôtes donnait directement sur le jardin botanique, un véritable havre de paix vu la folle agitation du centre-ville. Luise m'avait proposé une chambre donnant directement sur le jardin, face à la statue symbole du Danois Tycho Brahe, l'un des fondateurs de ce jardin botanique, du laboratoire d'astronomie et de l'observatoire.

Tout au début de mon séjour, je ne voyais que très peu monsieur Hansen, juste le temps des repas. Cet homme était très occupé par le classement des nombreux échantillons de minéralogie qu'il avait récupérés au Groenland. Pendant ce temps, Luise m'accompagnait dans la découverte de Copenhague. Nous partions chaque jour vers un nouveau quartier, un nouveau monument. À chacune de nos sorties, je revenais étonnée que tout cela puisse exister, moi qui n'avais connu que les petits villages du Groenland, la neige, la glace. À Copenhague, tout me semblait gigantesque, démesuré. La foule qui sans cesse circulait dans les rues m'oppressait, j'avais l'impression d'être dévisagée par ceux que nous croisions. Certes, mon visage rond, mes yeux bridés, ma chevelure noire et raide, ne passaient pas inaperçus. De plus, durant ce mois de juin, la chaleur était lourde, j'avais du mal à respirer. Tous les gaz qui s'échappaient des voitures irritaient ma gorge et mes yeux. Décidément, comme je l'avais ressenti à Godthab, je n'étais absolument pas faite pour la ville.

Heureusement, il y avait l'accueil et la chaleur de la famille Hansen qui ne ménageait aucun effort pour mon bien-être. Je pense que, malgré mes trente-cinq ans, ils me considéraient comme leur fille. Monsieur Hansen un jour m'interpella au sujet des cours de botanique que j'avais souhaité suivre dans le cadre du laboratoire. Satisfait et content de lui, Hansen m'apprit qu'il venait tout juste d'obtenir l'autorisation pour que je sois présente dans les salles de cours réservées aux étudiants de cette discipline. Je le remerciai et lui témoignai toute mon affection et ma gratitude.

Ainsi, un beau matin, je me retrouvai au beau milieu de jeunes gens et de jeunes filles, très intimidée. En outre, j'avais toujours la désagréable sensation de ne pas vraiment passer inaperçue. J'étais déjà âgée, je dénotais au milieu de ces personnes très jeunes qui, quasiment toutes, arboraient de bien belles chevelures blondes, des peaux blanches, des yeux bleus. Malgré mon appréhension, les étudiants se montrèrent très sympathiques. Jamais ils ne firent cas de nos différences ; en toutes circonstances ils cherchaient à m'aider.

Je dois dire que le début des cours fut très difficile, j'étais complètement perdue dans les formules scientifiques. J'étais bien loin du niveau des autres étudiants. J'ai souvent été tentée d'abandonner cette première année qui prenait des allures de catastrophe. En plus je m'apercevais que je maîtrisais encore assez mal le danois, cette lacune contribuait un peu plus à mes difficultés. Heureusement, il y avait monsieur et madame Hansen qui m'encourageaient et m'aidaient.

Vraiment, sans eux, mille fois, je serais repartie au Groenland ! Mais je ne voulais en aucun cas les décevoir. Je travaillais ardemment et ces efforts finirent par donner des résultats. Dès la troisième année, j'étais au niveau des autres, situation qui me comblait de fierté. Si je m'étais assez bien adaptée à la vie de Copenhague, souvent, toutefois, je repensais à mon pays qui me manquait. Aussi, chaque année à la période des vacances, avec la famille Hansen, je retournais soit à Angmagssalik soit à Rodebay. Je profitais du fait que monsieur Hansen était occupé par ses recherches pour, à mon tour, faire découvrir mon pays à Luise. Son naturel et sa gentillesse avaient immédiatement séduit les Inuit. Elle s'adaptait très vite à toutes les situations. Il émanait de sa personnalité une telle bonté que personne ne résistait à son approche et à son sourire.

Les retours au Danemark étaient douloureux, je poursuivais ces études scientifiques en botanique qui, certes, me plaisaient, mais dont je ne voyais pas l'utilité pour l'avenir. Par exemple, je savais presque tout sur les plantes tropicales des serres du jardin botanique, sans jamais avoir réellement eu l'envie de visiter, un jour, les régions où ces espèces se développent. Mes camarades d'études, eux, n'arrêtaient pas de faire des projets d'expédition et de voyages pour aller à la découverte de nouvelles plantes, de nouveaux territoires. J'étais indifférente à ce genre de rêve. En revanche, je me rendais souvent au National Museum, un ancien palais de style baroque qui présentait diverses collections, parmi lesquelles une collection ethnographique. Envahie de nostalgie, je passais là des journées, j'aimais revoir la très belle présentation d'objets du Groenland, réunie par l'explorateur Knud Rasmussen. Je vibrais au contact de ces témoignages qui relataient l'histoire et le quotidien de mes ancêtres. Je ne me lassais pas d'admirer ces échantillons archéologiques et ethnologiques de notre culture.

Six années se sont ainsi écoulées ; rien ne troublait cette marche en avant du temps. J'en avais terminé avec les études, rien de bien, rien de mal. D'ailleurs je n'avais jamais souhaité obtenir de diplômes*. Pour tous, je restais en marge de cette société danoise studieuse, appliquée. Je rompais souvent la monotonie de mes journées en me rendant, notamment en été, dans les jardins de Tivoli. Ces visites n'avaient rien de scientifique, ce n'était que pour la distraction. Je circulais d'une attraction à l'autre, à travers les pavillons de la musique, de la danse, du théâtre, des expositions, des restaurants. J'aimais cette ambiance joyeuse, ma préférence allait au théâtre de mimes qui me rappelait, par certains aspects, les expressions des chamanes de chez nous, au moment des séances de transe.

Un jour, cet équilibre de bien-être se brisa avec la mort de monsieur Hansen. Tristesse et chagrin sont alors tombés sur cette maison qui n'avait connu que joie et bonheur. Luise, si vive, si joyeuse, bientôt ne devint que l'ombre d'elle-même. Rien ne réussissait à la sortir de son deuil. Je revivais des impressions semblables à celles que j'avais ressenties après les départs d'Anok, de Cécilia et d'Hilla. Je m'évertuais, par tous les moyens, à combler le vide laissé par monsieur Hansen, rien ne consolait Luise. Nous avons même entrepris un très long voyage au Groenland, sur cette terre qu'autrefois elle adorait. Ce déplacement fut morne et triste. À chaque détour de chemin, Luise évoquait son cher défunt. Le retour au Danemark n'améliora rien, au contraire cette femme perdait ses dernières forces dans la douleur. L'irréparable devait arriver, Luise s'en alla rejoindre son mari au pays des ombres.

* Laura a obtenu des équivalences de diplômes en botanique.

Un beau matin je me suis retrouvée seule dans cette grande maison du jardin botanique de Copenhague, seule et désespérée. La famille Hansen avait eu la gentillesse de me remettre une importante somme d'argent. Les descendants, eux, ne tardèrent pas à venir exiger leur héritage et m'annoncèrent sans trop de ménagement que je devais quitter assez vite les lieux.

Les fleurs pédiculaires (Pedicularis hirsuta) *appelées* ulannerusak, *sont mélangées à de la graisse de phoque et cuites à l'eau. La bouillie obtenue est très nutritive.*

RETOUR AU GROENLAND

Je venais d'atteindre ma quarante-troisième année de vie, je n'avais plus rien à faire à Copenhague, rien ne pouvait me retenir là. Je décidai donc un nouveau retour au pays. Pendant les périodes de vacances que je passais à Rodebay, j'avais continué à entretenir la petite maison jaune de mes parents. J'avais même fait agrandir quelques dépendances, aussi c'est avec joie que je me suis réinstallée dans ce village, bien décidée, cette fois, à ne plus repartir. Grâce au petit pécule légué par les Hansen, je me trouvais pour longtemps à l'abri de tout problème d'argent.

J'ai consacré les premiers temps de mon retour à redécouvrir mon pays, à m'en imprégner. J'avoue que cela a été sans grand effort étant donné que je ne m'étais jamais adaptée à la capitale danoise. Ma vie ainsi a très vite trouvé son rythme, à la fois simple et équilibré. Au début, les habitants de Rodebay qui, au fil des ans, s'étaient renouvelés et qui ne me connaissaient qu'à travers mes courts séjours d'été, m'observaient avec une curiosité naturelle. Peu me parlaient, certains avaient appris par la rumeur que jadis j'avais vécu là. Ils savaient par exemple que j'avais suivi de grandes études, et de ce fait, ils pensaient que j'étais une personne difficile à approcher pour eux qui se considéraient comme des gens très simples.

Les premiers mois furent assez rudes, mais mon temps était bien occupé. Je retrouvais tous les gestes du quotidien, cela me plaisait infiniment de replonger dans mes racines profondes. Avec une joie immense, je redécouvrais le plaisir des courses dans la nature, les séances de chasse, de pêche, les sorties en mer avec mon kayak. Je me lançais à nouveau à la poursuite des phoques. Sans arrêt, le vent m'apportait la résonance des paroles d'Anok qui continuait à me conseiller sur ces pratiques. Peu à peu surgissait le bonheur de la vie passée.

La première année de mon retour fut toute occupée à cette réadaptation, parfois un peu difficile, puisque partagée avec la solitude. Les habitants de Rodebay, toujours aussi timides à mon égard, continuaient de m'observer, sans m'approcher. Cette situation m'irritait, j'aurais tellement voulu retrouver l'ambiance familiale de la période où Anok était l'animateur de ce village. Je dois tout de même ajouter que malgré l'âge mon caractère était resté plutôt farouche. Jamais je ne sollicitais un service, pas plus que je ne proposais de l'aide aux autres. Les femmes qui avaient l'habitude de se réunir de maison en maison ne m'invitaient jamais à me joindre à elles. J'avais conservé le même goût pour les grandes courses en traîneau, aussi, peu à peu je reconstituai une meute d'une dizaine de chiens. Cela intrigua beaucoup les gens du village qui utilisent de plus en plus les scooters des neiges, bien plus rapides que les traîneaux. Je reconnais que pour parcourir de grandes distances, la machine est bien pratique, mais moi, je considérais mon attelage avec une pointe de sentimentalisme et, bien qu'ayant connu le modernisme des villes, je ne souhaitais pas confier ma vie à une machine qui, au moment où on en a le plus besoin, risque de ne pas démarrer par des températures de moins quarante degrés.

Depuis des siècles, nos ancêtres avaient toujours eu des chiens, comme animaux de trait et comme compagnons de chasse. Ceux-ci, même si parfois ils sont féroces, les aidaient à trouver les phoques ou à traquer l'ours polaire. J'avais fait en sorte d'acheter des chiens assez jeunes, je savais les choisir. J'avais vérifié qu'ils aient une poitrine très large et un avant-train épais. Ces bêtes pesaient en moyenne une cinquantaine de kilogrammes. Comme me l'avait appris Anok, je les soignais avec attention, tout en veillant à être ferme à leur égard.

J'avais choisi mon chien de tête, Kounouk, il était très intelligent et affectueux, mais je devais être vigilante car il se battait. Au début, il a tué trois ou quatre de ses compagnons, c'est un peu pour cela que je l'avais désigné comme chef d'attelage, il était celui qui fait régner l'ordre. En permanence, je devais le tempérer mais sans jamais le frapper. Par contre, dès qu'il montrait trop d'indiscipline, je lui brandissais au-dessus de la tête le long fouet, cela suffisait à le calmer. Pendant la course, je lui faisais généralement claquer la pointe du fouet près des oreilles, mais sans jamais l'atteindre.

Pour encadrer ce magnifique mâle, j'avais trouvé deux superbes femelles, le trio de tête était ainsi formé. J'avais également deux autres mâles pour les côtés de l'attelage, je disposais toujours l'ensemble des bêtes en éventail, et j'avais habitué mes chiens à travailler en équipe. Je savais cependant que deux ans de dressage me seraient nécessaires pour avoir une meute efficace, même en travaillant tous les jours avec eux. Les chiens occupaient beaucoup de mon temps et me posaient des problèmes de ravitaillement, car huit ou dix huskies consomment énormément. En permanence, je devais faire des réserves. Ils mangeaient beaucoup plus que moi, aussi ils m'obligeaient à aller très souvent à la chasse ou à la pêche. Malgré toutes les corvées et tous ces inconvénients j'adorais mes chiens, ils étaient mes compagnons. Je vivais donc en marge du village, les bruits et les observations m'arrivaient toujours avec un temps de retard.

Au printemps, j'appris qu'un grand ours blanc rôdait à proximité des habitations, j'avais déjà vécu une telle situation durant mon enfance. Anok était alors sorti vainqueur du combat l'opposant à l'animal. Mon père avait mille fois raconté cet affrontement contre l'ours. La population actuelle de Rodebay n'avait pas connu cette époque, mais l'histoire légendaire de mon père avait franchi les étapes du temps. Aussi, malgré le peu de contact que j'avais avec eux, les hommes se décidèrent à venir me demander conseil. Ils craignaient pour leurs familles. Si l'ours s'aventurait dans le village, il y aurait certainement des accidents. Je ne savais, hélas, comment combattre cet animal solitaire et peu sociable. Après notre brève conversation, je sentis les hommes déçus, sans doute me jugeaient-ils sans enthousiasme face à leur problème. Ils étaient donc repartis avec l'intention d'organiser une battue, et grâce à leurs fusils, ils pensaient abattre ce dangereux animal.

De leur conversation rejaillissait la crainte ancestrale qui existe autour de l'ours. L'interpellation des hommes de mon village me sortit quelque peu de la torpeur dans laquelle je m'étais plongée depuis mon retour. J'avais toujours conservé le petit sac qui contenait les griffes d'ours qu'Anok m'avait offertes. Je ressortis ces objets de magie, la sensation de ces griffes lisses, glissant sous mes doigts, déclencha en moi un effet extraordinaire. Subitement j'oubliai ma formation de scientifique pour retrouver, par la pensée, Hilla la chamane. Je revivais maintenant chacun de ses gestes, chacune de ses paroles. J'étais tellement excitée par mes souvenirs que j'entrais pratiquement en état de transe. Mon sommeil, ce soir-là, fut très particulier. Je pense même ne pas m'être endormie, mais plutôt être restée éveillée et avoir vécu une espèce de songe dans lequel je menais une bataille face à une troupe d'ours en furie. Bien que très menacée, j'étais sauvée par l'esprit de Noulajiouk.

Le lendemain matin, j'étais dans un état semi-comateux : sans toutefois trop savoir à quoi je m'engageais, je pris la décision de partir, seule, à la chasse de cet ours. Le jour même, je fis part de mon projet aux hommes du village : à la stupeur que je lisais dans leur regard, je compris qu'ils me considéraient comme une folle. L'un d'eux accepta de me prêter son fusil. Je partirais le lendemain, juste le temps de préparer mes chiens et un modeste bagage de survie au cas où la poursuite durerait plusieurs jours.

RÉFLEXIONS DE L'AUTEUR

Laura à cette évocation me montre un visage transfiguré ; les yeux fixes et le regard brillant indiquent combien cela ravive des souvenirs forts en elle. Personnellement, je suis ravi et ému de la tournure que prend ce récit. Comme nous sommes plongés dans la pénombre des courtes nuits de juin, peu à peu, Laura devient totalement silencieuse. Je me décide à remettre au lendemain la suite de ce palpitant récit. Les Inuit considèrent l'ours comme l'animal le plus dangereux de l'Arctique. D'ailleurs, on cite de nombreux cas d'hommes attaqués par des ours. À Rodebay, circule l'histoire d'un homme qui, voulant sauver son enfant, avait affronté un de ces mammifères. Le père désespéré avait tiré quatre balles ; bien que très blessé et affolé par la douleur, l'ours avait chargé l'homme et l'avait littéralement mis en pièces. Avec force, il lui avait arraché les deux bras puis la tête au ras des épaules. L'ours, blessé à mort, s'était alors effondré. Quand les autres hommes dépouillèrent l'animal, ils s'aperçurent que deux des balles tirées par le malheureux avaient fait éclater son cœur. Tous ceux qui s'attaquent à l'ours savent qu'il ne faut jamais le faire de face, mais qu'il est préférable de viser l'arrière-train pour atteindre la colonne vertébrale, le paralysant ainsi.

À LA RENCONTRE DES OURS

Dans les villages inuit, les affrontements entre hommes et ours sont divers, parfois ils prennent des tours cocasses, mais généralement, l'issue est dramatique. Dans tous les récits, l'ours est dépeint comme un animal très étrange. Rien ne l'effraie, au contraire tout attire sa vue et son odorat déclenchant en lui de l'intérêt et de la curiosité.

D'ailleurs, tous disent qu'il est très joueur, un rien l'amuse, il suffit de l'observer pour s'en apercevoir. Malgré sa taille impressionnante qui peut parfois dépasser les deux mètres cinquante de hauteur pour un poids atteignant sept à huit cents, voire mille kilogrammes, l'animal reste très habile. À l'aide de ses griffes ou de ses dents, il peut jouer des heures durant avec des objets extrêmement petits. Souvent, l'ours pénètre dans les villages et rôde autour des habitations où il est surtout attiré par les matières grasses qui excitent son odorat. Il n'hésite pas à chercher les points faibles des maisons, telles les portes et les fenêtres qu'il fait éclater à coups de pattes, ou d'arrière-train. À l'intérieur, il fouille, mettant tout sens dessus dessous avant de ressortir avec un grand calme triomphant.

L'ours s'adapte à toutes les situations. Très intelligent, il n'est jamais stressé, sauf quand il est blessé, la douleur lui insuffle alors une extrême férocité.

C'est dans les territoires de la baie de Disko, région appréciée des femelles qui y mettent bas, après avoir creusé leur tanière, que j'ai toujours observé ces grands mammifères. Ces espaces sont bien abrités des vents dominants, au printemps la couche de neige recouvrant l'entrée des tanières peut atteindre plus de trois mètres. Généralement, cela permet à la femelle de creuser en pente un tunnel d'accès à une ou plusieurs chambres, lieux nécessaires pour la naissance des petits qui se situe entre décembre et janvier. En période d'été, quand la neige commence à fondre, on s'aperçoit de l'extraordinaire organisation de ces tanières et l'on mesure l'instinct maternel de la femelle qui avait pris soin d'amener une importante quantité de lichen pour, confortablement, donner naissance à deux ou trois oursons.

Bien au chaud dans leur abri, tout au début, les nouveau-nés sont nourris grâce au lait de la mère, très riche en matières grasses : la femelle et ses oursons hibernent ainsi durant de longs mois. La femelle, pendant cette période, n'absorbe ni eau, ni nourriture, elle ne vit que sur ses réserves de graisse. C'est au début du mois d'avril qu'elle cherche à briser le bouchon de neige qui obstrue l'entrée de son repaire ; les oursons peuvent enfin s'habituer aux premiers rayons du soleil. Au cours des mois suivants c'est l'apprentissage de la vie sur la banquise qui commence pour eux. Vers le dix-huitième mois, les jeunes, alors sevrés, découvrent la chasse. Au bout de deux ans et demi, ayant atteint leur taille maximale, ils quittent leur famille pour leur vie de solitaire. Vu l'intelligence et la force de l'animal, les

Inuit ont toujours eu beaucoup de respect pour ces plantigrades, se créant même des liens de parenté avec eux telle une sorte de cousinage. Je me souviens d'Anok qui toujours disait :

« Si tu observes la vie de l'ours, elle est proche de la nôtre : l'ours se tient debout comme un homme, la femelle donne naissance aux oursons dans des maisons de neige comme sont faites les nôtres. Un ours auquel on enlève la peau ressemble à un homme nu. Regarde-nous, pour survivre dans l'Arctique, ce milieu extrêmement difficile, nous avons été obligés de penser et d'agir comme l'ours. »

Du coup, l'homme a projeté sur l'ours beaucoup de spiritualité et, en quelque sorte, l'a même sacralisé. Anok ajoutait :

« L'âme de cet animal est très puissante : quand on tue un ours, il faut respecter les mêmes coutumes et les mêmes tabous que pour un homme. Pour les chasseurs, la période de deuil concernant l'ours est encore plus longue que pour la perte d'un membre du groupe, elle est d'environ une dizaine de jours. Il faut bien veiller à récupérer ses dents et ses griffes pour en faire des amulettes protectrices, tout comme il faut prélever quelques petits morceaux de sa fourrure qui, cousus à l'intérieur de nos vêtements, nous permettent d'être toujours en contact avec cet animal. »

La lampe à huile, indispensable pour le chauffage et l'éclairage

Profondément plongé dans mes réflexions sur l'ours, j'ai à peine vu le mince filet de fumée qui maintenant s'échappait de la maison de Laura. Une sorte de signal annonçant que mon amie était sortie de son sommeil : je pouvais désormais frapper à sa porte. Ce jour-là, je l'ai trouvée enjouée, gaie, prête à poursuivre un récit qui semblait lui plaire particulièrement.

LA CHASSE À L'OURS DE LAURA

Les habitants du village considéraient mes préparatifs de chasse à l'ours avec une certaine inquiétude. Ils n'avaient jamais, jusqu'à ce jour, vu une femme se lancer dans une telle aventure, et se demandaient tous, connaissant bien la difficulté d'affronter un tel animal, ce qu'il allait advenir de moi. J'étais confiante. La nuit précédente j'avais interrogé les esprits, j'étais assurée du succès de mon expédition. Aussi, c'est sans appréhension que je mis en place ma meute de chiens. Eux aussi étaient très excités à la pensée d'une longue course sur la banquise. À l'arrière de mon traîneau, j'avais installé en bonne place le fusil qui m'avait été prêté. Un claquement de fouet, ponctué par le *youk youk* retentissant du départ et j'étais en route pour une aventure périlleuse.

Après avoir longé la côte de Rodebay, j'avais pris la direction plein nord, une vraie ligne droite traversant toute la banquise de la baie de Disko. La matinée était très froide. Au début, les glaces étaient sûres et assez plates. Nous avancions rapidement, d'autant plus que mes chiens tiraient avec ardeur et obéissaient à mes ordres sans aucun grognement. Plus nous avancions vers le nord, plus le pack de glace devenait important et tourmenté. Dès le milieu de la journée, j'aperçus la petite île de Pikiulik. Je la croyais toute proche, mais cela n'était qu'illusion, il me fallut beaucoup plus de temps pour l'atteindre. Je souhaitais y arriver sans tarder, parce que je connaissais bien ces lieux et savais qu'il y avait là une petite grotte qui pourrait me servir de refuge pour ma première nuit. Cette île de Pikiulik a des dimensions modestes, mais une minuscule élévation de cent mètres de haut dominant l'environnement en fait un excellent poste de repérage. Dans cet univers de cristal, après des heures d'effort, je suis enfin arrivée à l'entrée de la grotte. Avec mes chiens, nous avions glissé pendant plus de dix heures, nous étions épuisés. Après leur avoir distribué quelques morceaux de phoque en guise de repas, ils retrouvèrent leur vivacité et leur forme. La soirée fut longue, je regrettais de ne pas avoir emporté un Primus, c'est-à-dire un réchaud à pétrole, qui m'aurait permis de me préparer une boisson chaude. J'étais partie si rapidement que

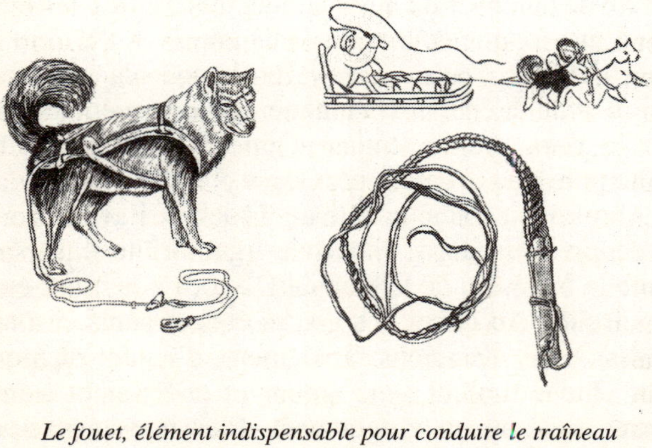

Le fouet, élément indispensable pour conduire le traîneau

je n'avais même pas réfléchi à ce qui m'attendait. Tant pis. Un peu de neige fondue dans la bouche fut ma seule boisson après une si longue journée. Mon repas fut identique à celui des chiens, un peu de phoque séché accompagné d'un morceau de *matak*, le gras de baleine. Satisfaite, je m'endormis sans problème, bien que parfois réveillée, me semblait-il, par des grognements d'ours. Rêve ou réalité, ce sommeil fut agité. Pour vivre cette expérience, je ne m'étais posé aucune question, mais cette décision était-elle le fruit de l'insouciance ou du fatalisme, je ne sais que répondre à cela.

Le lendemain matin au lever du soleil, il faisait très froid. La journée s'annonçait cependant agréable. Je remarquai qu'un peu de brume courait sur la banquise, signe manifestement annonciateur de la présence de nombreuses eaux libres, cachées sous le pack de glace qui, lui, constitue un pont très fragile. Il me fallait donc circuler avec d'infinies précautions pour éviter de prendre un bain forcé dans l'eau glacée.

Au village, l'ours qui avait été signalé par les chasseurs avait été aperçu près de la pointe de Niaqornaq, lieu qui se trouve assez loin de la petite île où j'avais passé la nuit. Le soleil était, ce matin-là, tel un disque rouge, entouré d'un immense halo de lumière. Il éclairait de mille reflets un paysage glaciaire limité dans son infini par les hauts reliefs qui barraient l'horizon.

J'apercevais également de gigantesques icebergs qui, scellés dans le pack de glace, ressemblaient à des sentinelles immobiles. Je me délectais de ces instants, j'aimais ce paysage à la fois minéral et plein d'humanité. Ce monde de glace allait se fracturer de toutes parts, pour se mettre en mouvement dans une fabuleuse dérive en direction du sud. Mes chiens étaient très heureux de cette course, je devais sans arrêt tempérer leur ardeur, si je voulais repérer les traces visibles de l'ours. Les premières que j'aperçus me semblèrent anciennes.

Soudain, j'en repérai une beaucoup plus fraîche. J'avais lâché mes chiens pensant que grâce à leur flair et à leur courage, vite ils dénicheraient sa présence. Le fusil à la main, je les suivais. Mais la course était effrénée, quand brusquement Kounouk, le chef de meute, se montra inquiet et dérouté ; une folle sarabande s'engagea. Lui et les autres venaient de repérer l'ours. Désormais, rien ne pouvait plus les arrêter, pas même les murs de glace qui formaient des barrages et qu'ils sautaient allégrement.

L'ours, d'abord surpris, avait détalé avec une extrême rapidité à travers ce chaos glaciaire. Pour cet animal, les chiens sont des ennemis terribles qu'il faut fuir à tout prix. Mais bientôt, l'animal blanc fut acculé contre un important mur de glace ; malgré ce piège, il tenait tête aux chiens. La tactique de ceux-ci est toujours la même. Un seul chien attaque, par côté ou par l'arrière, jamais de face. L'ours, sachant qu'il aura du mal à échapper aux chiens, entreprend avec ses griffes de fouiller la neige ou la glace dans l'espoir de trouver une fissure pour s'y plonger. La lutte est silencieuse et étrange.

Mais, dans un bond ultime, l'ours réussit à passer au-dessus des chiens. D'abords incrédules, ceux-ci se lancèrent une nouvelle fois à sa poursuite. Après deux heures d'une course effrénée, pressé par les chiens, l'ours était complètement harassé de fatigue. Ses flancs haletants le confirmaient. À nouveau, il était acculé contre un mur de glace. Les chiens rageurs refermaient le piège, tout en restant prudents. Cela me permit de les repérer et de m'approcher de l'ours qui sans doute comprit que ses chances de nous échapper étaient minces. Alors, intensément, de ses petits yeux noirs qui brillaient de frayeur, il me fixa. Aucun son ne sortit de sa gueule. Je remarquai que son museau était très fin, c'était une bête magnifique, impressionnante.

De tout temps, les confrontations entre les femmes et les ours ont été particulières. Une certaine fascination s'exerce réciproquement, ce qui confère un caractère très spécifique à ces rencontres. Grâce à mes chiens, je le tenais en respect, la situation durait depuis un certain temps et ne pouvait s'éterniser. J'ajustai mon fusil sur cet animal figé qui continuait à me fixer. Par la pensée, j'invoquai la déesse Noulajiouk pour qu'elle me donne la force et le courage d'appuyer sur la détente. C'est ce que je fis quelques secondes après, en fermant les yeux. La détonation fut énorme. Elle se répercuta en échos divers dans le labyrinthe des glaces. Ce bruit impressionnant me ramena à la réalité, j'ouvris les yeux et je constatai que l'ours, toujours immobile, n'avait plus le même regard intense. Ce regard, peu à peu, devenait vitreux, sans que pour cela l'énorme plantigrade ne s'affale sur la neige.

J'ai constaté que l'unique balle l'avait touché de manière à broyer le cœur et les poumons provoquant une hémorragie foudroyante. La déesse Noulajiouk avait donc exaucé ma prière. Comprenant que je me trouvais en grand danger, elle avait fait en sorte de guider cette unique balle au bon endroit, évitant ainsi que l'ours, lui, ne souffre de plusieurs blessures.

Le grand fauve balaya soudain l'espace d'un large coup de patte avant de s'effondrer d'une seule masse. Les chiens, jusqu'alors prudents, sautèrent tous ensemble sur leur ennemi plantant rageusement les crocs sur toute la surface de ce corps désormais inerte. J'étais encore hébétée par ce que je venais de réussir, mais l'attitude de mes chiens me fit prendre conscience que, si je voulais récupérer la peau de l'animal intacte, il était nécessaire de les éloigner le plus rapidement possible. Ce ne fut pas chose facile. Après un long moment je les calmai, prenant bien soin de les attacher. Leur vivacité m'aurait empêchée de dépouiller convenablement l'ours.

Malgré mon habitude, ce fut un long et délicat travail parce que j'étais seule et que le poids de l'ours était considérable. Après avoir enlevé la peau, je découpai un par un tous les quartiers de viande pour ne laisser sur la glace que le squelette et les viscères. Ce spectacle étrange était éclairé par les feux du soleil qui maintenant avait atteint son zénith. À la fin de l'opération de dépeçage, mes chiens étaient aussi rageurs qu'au début de la chasse. Je devais sans cesse les surveiller pour qu'ils ne se jettent pas sur les viscères dont certains contenaient le fiel, véritable poison mortel. Avec mon traîneau lourdement chargé de la viande de l'ours, j'ai repris le chemin du retour sur Rodebay, c'était comme dans un rêve. Par moments, comme pour me convaincre que j'étais bien dans la réalité, je me prenais à caresser la peau de l'ours dont j'avais recouvert le chargement. Cette peau était d'un blanc éclatant. Elle serait, devant tous, le témoignage de la mort de l'animal, j'avais même récupéré les crocs des deux mâchoires.

Mon arrivée à Rodebay reste un moment inoubliable. Les habitants du village m'ayant aperçue se portèrent à ma rencontre et me firent une immense ovation. Ils m'affirmèrent que jamais, de mémoire d'Inuit, aucune femme n'avait chassé et abattu seule un ours aussi grand et aussi féroce. J'en étais bien fière. La peau du plantigrade fut alors étalée dans sa totalité sur le sol, elle était immense et chacun put s'extasier sur la taille de l'animal. Tous voulaient la caresser tels des enfants, tous étaient impressionnés par les énormes griffes noires que j'avais récupérées. Plusieurs fois, je renouvelai le récit de ma confrontation avec l'animal. L'admiration était à son comble.

Pendant les jours précédant cette chasse, j'étais encore une personne que l'on tenait à distance, ce que mes voisins savaient de moi n'avait été colporté que par la seule rumeur publique. Après le résultat de cette chasse miraculeuse, tous les ressentiments et toutes les retenues s'étaient envolés. Subitement, je devenais une héroïne de légende, je rejoignais Anok dans l'inconscient populaire. La peau de l'ours fut longtemps exposée sur le mur de notre petite église. Certains ne se lassaient pas de venir l'admirer. Depuis cet événement, la vie au village avait repris normalement son cours, mais désormais je voyais beaucoup de gens qui venaient me consulter pour divers problèmes du quotidien ou de santé.

Comme jadis l'avait été Hilla, peu à peu, je devenais leur guérisseuse, leur chamane. Je faisais des diagnostics, je prescrivais des médicaments surtout à base de plantes. Je préparais des onguents à partir de graisse animale que je mélangeais à de petites graines broyées. Je pratiquais aussi l'imposition des mains sur les parties malades. Je devais ce don à Hilla qui avait découvert un jour que je possédais beaucoup de magnétisme.

Au fil du temps, j'ai mis en place des petites séances de transe, ceux qui y participaient savaient que je pouvais entrer en communication avec les esprits et ainsi connaître à l'avance les événements plus ou moins graves qui allaient se produire. Je devenais un des personnages clés du village. Dans la région, ma réputation commençait également à s'étendre.

Après ma chasse à l'ours, un groupe de personnes qui me fréquentait assidûment me demanda d'organiser une grande soirée où je pourrais raconter les légendes que j'étais censée connaître, surtout celles se rapportant à l'ours. Avec plaisir, je devenais une conteuse. J'avais appris beaucoup de choses grâce à Hilla, je lui devais beaucoup. Aussi, toutes ces actions étaient une manière de vénérer son souvenir.

La petite maison jaune s'avéra bien trop petite pour tous ceux qui voulaient m'entendre. Nous avons pris la décision de nous réunir dans un autre lieu, et l'église était toute désignée. Sa salle pouvait contenir un nombre plus important de personnes. La foule silencieuse était attentive à mes paroles ; même les enfants d'habitude si turbulents ouvraient bien grands leurs yeux en entendant pour la première fois de leur vie le son du *krida*, le tambour, que j'avais apporté et qui me servait à introduire mon histoire débutant ainsi :

« Au début de la vie sur terre, les animaux et les humains se confondaient dans une même vie, mais nous, les hommes, nous étions moins nombreux. Cependant, nous avions la faculté de nous transformer dans toutes les autres formes animales, surtout au moment où nous avions besoin de nourriture. Jadis, dans ce monde, l'ours blanc était le plus fort, il était également le plus beau et le plus intelligent ; il était le plus proche de nous par ses mœurs. Souvent, nous les humains, nous souhaitions nous réincarner dans la peau de cet animal. Peu à peu, les hommes et les femmes devinrent beaucoup plus nombreux, les esprits

Divers poissons des eaux glacées du Groenland

Mallofus villosus,
ou capelin

Cottus scorpus,
ou scorpion de mer

Anarhicas minor,
ou loup de mer

Hippoglossoïdes platessoïdes,
ou flétan nain

transformèrent les règles régissant les hommes et les animaux. Les hommes désignèrent alors une femme pour les représenter et les protéger ; c'était la déesse Noulajiouk, mais pour ne pas vexer les animaux dont nous avions grand besoin, les hommes demandèrent à

Noulajiouk d'être également la mère de tous les animaux. La déesse, qui, de ce fait, avait en charge les rapports des deux communautés, déciderait également du moment de la mort de chacun, et surtout elle devrait veiller à rassembler toutes les âmes dans un même lieu qui allait devenir l'ordre cosmique.

« Les ours furent mécontents d'être séparés des hommes, leur mauvaise humeur s'amplifia et se manifesta par encore plus de méchanceté à l'égard des hommes qui leur devenaient étrangers. Dès lors, les hommes et les femmes qui rencontraient des ours, face à la puissance de ces derniers, se montraient très craintifs. À une période donnée, pour éviter une famine généralisée, Noulajiouk peupla la mer de phoques et de baleines. Pour les attirer, les hommes et les ours utilisèrent les mêmes techniques de chasse et de pêche, excepté que l'homme, dépourvu de griffes, dut inventer le harpon. Hommes et ours utilisaient également les mêmes techniques d'attente pour récupérer, devant les trous de glace, les phoques qui venaient respirer à la surface.

« L'homme, lui, fut influencé par les méthodes de l'ours les jours de grand froid. Pour hiberner, il observa que l'ours, au début de l'hiver, creusait la neige pour se faire des tanières composées de plusieurs espaces, dont il bouchait l'entrée pour n'en ressortir qu'au moment du printemps. Les hommes imitèrent l'ours en construisant des abris protecteurs, ce fut la fameuse invention de l'igloo de neige et de glace qui permet de se protéger des vents très violents de la période hivernale.

« Petit à petit, un peu à l'image de l'homme, les ours devinrent plus nombreux. Alors Noulajiouk inventa le chien, que nous utilisons depuis pour ce type de chasse. Ces deux animaux très différents l'un de l'autre sont devenus de grands ennemis. Les hommes savaient que l'âme d'un ours tué à la chasse continuait de rôder autour d'eux, dangereuse pour tous. Ils avaient donc pour coutume de déposer la peau de l'ours sur la plate-forme de glace de l'igloo, espace réservé au sommeil. En plus, pour éviter des mauvais sorts, dans la partie centrale de la maison de glace, on accrochait pendant une dizaine de jours la vessie, la rate, le fiel et le cœur de l'animal, toutes ces précautions étaient prises pour que l'âme de l'ours, pénétrant dans l'igloo, se sente chez elle. La viande de l'ours chassé était partagée entre tous les présents, et tous devaient la consommer avec délice. Les griffes appartenaient à celui qui avait aperçu l'ours le premier. Il les gardait soit comme amulettes de protection, ou bien, il les confiait à l'*angakok*, le sorcier, qui s'en servait lors des séances de magie.

Erignatus barbatus, *le phoque barbu.*
Il est chassé pour sa viande et pour la transparence de ses intestins qui sont utilisés en guise de fenêtre.

«L'ours blanc a toujours été la terreur des femmes sans défense, il hante leurs rêves et fait partie de leurs fantasmes sexuels. Cette croyance se rapproche de l'homme-lune, géant de la création des Inuit. Toujours dans cet esprit, à Ikateq, lorsque Anok tuait un ours, les hommes se partageaient le pénis pour le manger, espérant obtenir une meilleure ardeur sexuelle. Les femmes stériles cherchaient, elles aussi, à avoir des morceaux de ce pénis. Une fois séché, elles l'accrochaient à l'intérieur de leurs vêtements, pensant ainsi être plus facilement fécondables. Dès qu'un chasseur donne le coup de grâce à l'ours qu'il chasse, il crie un nom qui, ensuite, sera donné à un enfant qui naîtra dans les jours suivants. L'ours, de ce fait, devient l'auxiliaire de l'esprit de cet homme : par exemple, découlant de cette tradition, mon père Anok avait en deuxième nom Pisukti, le marcheur.

«Pour relier ces mondes humain et animal, à Ikateq, à l'occasion de la nouvelle lune, les hommes organisaient des battues et des chasses à l'ours. La réussite prouvait leur statut d'adulte. Si un ours était tué, les hommes récupéraient ses os pour en faire soit des manches de fouets, soit des manches de couteaux. Ces armes étaient ensuite offertes aux adolescents qui s'apprêtaient à entrer dans le monde des adultes. D'ailleurs, ces nouveaux promus se devaient d'assister à la prochaine chasse à l'ours ; certes, ils étaient encadrés par les adultes, mais ce rite participait à leur passage dans la société des hommes.

«À travers ces croyances, ces rites, ces tabous, on perçoit combien l'importance de l'ours est grande dans notre société, il est, en quelque sorte, un médiateur qui cristallise autour de lui un ensemble de constellations dans lesquelles la virilité, la procréation, la survie de l'espèce humaine se retrouvent aux premiers rangs. »

Bien tard, au terme de cette séance où tous m'écoutaient avec grand intérêt, je me suis sentie complètement intégrée à la petite communauté.

Après toutes ces années d'incertitude, je vivais là le plus grand des bonheurs. Le déroulement des jours se modifia, je passais désormais mon temps à accueillir les uns les autres, les soulageant autant que possible des défaillances de leur corps ou de leur âme. Ma réputation s'amplifia jusqu'à parvenir aux oreilles des pasteurs et des autorités religieuses de notre région.

LAURA, LA CHAMANE

Un jour, sans en être prévenue, je reçus la visite de l'un des pasteurs de Jakobshavn. Pour cette mission, on avait délégué le plus sévère d'entre eux ! C'était un homme froid, autoritaire, et tout en inspectant ma maison, il me posa d'innombrables questions sur mes pratiques chamaniques et sur mes méthodes de soins envers les malades. Sans attendre, il montra sa désapprobation quant au déroulement de mes activités. Il ajouta qu'il allait engager une enquête sur ma personnalité, et qu'ensuite, je serais traduite devant une commission comprenant des membres de l'autorité civile, religieuse et médicale. Avec des mots très durs, il m'ordonna de ne plus jamais utiliser l'espace de l'église pour des réunions ou des rassemblements, celui-ci étant réservé aux offices religieux du dimanche. J'étais effrayée par le ton de cet homme, j'imaginais la teneur de son rapport. Quelque temps après cette difficile rencontre, je reçus une convocation pour me rendre à Jakobshavn, une commission devait statuer sur mon cas.

Quelques années auparavant, je n'aurais jamais osé affronter une telle assistance, mais le temps que j'avais passé au contact de tous ceux qui venaient me consulter m'avait permis de vaincre mes appréhensions relationnelles. C'est donc sans état d'âme particulier que je me suis présentée devant la commission. Il y avait des autorités danoises, inuit, et bien sûr le pasteur accusateur qui, drapé dans sa dignité d'homme de religion, me regardait d'un air narquois. Deux médecins danois étaient également présents, la réunion fut longue. Telle une accusée, je devais répondre aux multiples questions des uns et des autres, tout en essuyant les quolibets de mes détracteurs.

Le président de la commission était danois, il avait connu et apprécié mon ancien ami Hansen. Cet homme, avec beaucoup de sérieux, avait consulté mon dossier et, ainsi, avait pu apprécier la valeur de mes études et de mes connaissances. Il avait reçu maints témoignages de la part de ceux que j'avais soulagés.

Malgré les accusations virulentes du pasteur qui me décrivait tel un suppôt de Satan, le président ne se laissa aucunement influencer par toutes ces diffamations. En substance, il déclara qu'en aucun cas je n'avais pratiqué, contre ce que le bon sens appelle « la morale », mes activités chamaniques héritées du fond des âges et qui appartenaient à l'histoire de mon peuple. Quant à mes qualités de soignante, ma formation scientifique ne risquait en aucun cas de mettre en danger la vie des personnes que j'approchais.

Avec émotion, je regardais cet homme. Dans son regard brillait l'étincelle de la bonté, il n'était pas sans me rappeler le regard d'Hansen. Quant au pasteur, si ses yeux avaient pu lancer des éclairs, j'aurais été foudroyée sur place. Après avoir pris l'avis des membres de la commission, le président ajouta qu'il confirmait son appréciation, et d'autre part, n'émettait aucune objection à ce que je continue d'exercer mes activités auprès de ceux qui s'adressaient à moi. Il insista sur le fait qu'en mon âme et conscience je devais toujours avoir le souci du bien-être de la personne humaine, et que généreusement je devais faire bénéficier les autres de ce que la vie avait bien voulu m'attribuer en matière de connaissances et de talents.

En retournant à Rodebay, je débordais de reconnaissance pour ceux qui, une nouvelle fois, m'accordaient leur confiance. C'est encore avec plus de sérieux que je me dévouai au service des autres, pour ne jamais prendre le risque de décevoir ceux qui m'avaient soutenue. La vie s'écoulait ainsi, entre les moments consacrés au quotidien et les moments que j'accordais à ceux qui m'interpellaient. Je n'ai jamais ressenti le poids de la solitude. Dès que j'avais un doute, ma pensée s'envolait vers tous ceux qui m'avaient aidée, soutenue ; parmi eux, je revoyais Anok, Cécilia, Hilla, Borg, Hansen, Luise et toi que j'ai rencontré dans différents moments de mon existence. Aujourd'hui tu es là, et j'ai éprouvé un plaisir immense à évoquer avec toi tous ces souvenirs qui ont composé ma vie.

RÉFLEXIONS DE L'AUTEUR

À la fin de cet entretien, j'ai l'impression que Laura a fait le tour de tout ce qu'elle voulait me raconter, je me suis demandé si je pouvais continuer à lui poser des questions sans l'importuner.

Gentiment, elle avait bien voulu me consacrer ces quelques journées, et pour cela, elle avait sans doute négligé le grand nombre de personnes qui, constamment, sollicitaient ses services. Je lui ai donc proposé un ultime entretien.

Ensuite je la laisserais libre de vaquer à ses activités, mais avant de reprendre notre conversation, j'annonce à Laura que je vais bientôt repartir pour la France. J'en profite alors pour lui exprimer toute ma reconnaissance pour la patience dont elle a fait preuve au cours de nos diverses entrevues. Je lui demande également l'autorisation de publier un jour ces révélations, dans le dessein de faire connaître à mes compatriotes un petit morceau de la vie de son peuple, de cette population si particulière que sont les Inuit. Peut-être, accepterait-elle, un jour, de venir en France, dans mon pays, pour que je puisse, à mon tour, lui faire découvrir nos régions et certaines de nos coutumes.

À l'annonce de mon départ, j'ai vu un voile de tristesse passer dans ses yeux, mais il s'est bien vite effacé au moment où elle a repris la parole.

LE DÉPART

Voilà bien des questions pour ce dernier entretien ! J'aurais bien aimé que tu restes un peu plus avec moi pour continuer à évoquer tout ce passé, dont certaines des étapes nous sont communes. Cela m'a fait très plaisir, même si parfois certains souvenirs sont difficiles à évoquer. Je comprends parfaitement que tu sois obligé de repartir dans ton pays, ta vie est là-bas. Depuis mon passage au Danemark, je comprends mieux le mode de vie des Européens. Mais je ne te demande qu'une seule chose, reviens plus souvent me voir. Tous les deux, nous avons pris de l'âge, la vie a passé tellement vite qu'il est important désormais de profiter au maximum des amis pour communiquer avec eux, comme nous venons de le faire ces jours-ci. Je sais que la France n'est pas très éloignée du Danemark ni du Groenland. Les liaisons aériennes sont faciles. Alors, reviens le plus possible ! De mon côté, je retiens ton invitation pour me rendre dans ton pays, cela me ferait très plaisir. Nous, les Inuit nous aimons voyager et nous savons que la France est un grand pays, mais nous vous connaissons assez mal car peu de touristes français nous rendent visite. Il paraît que

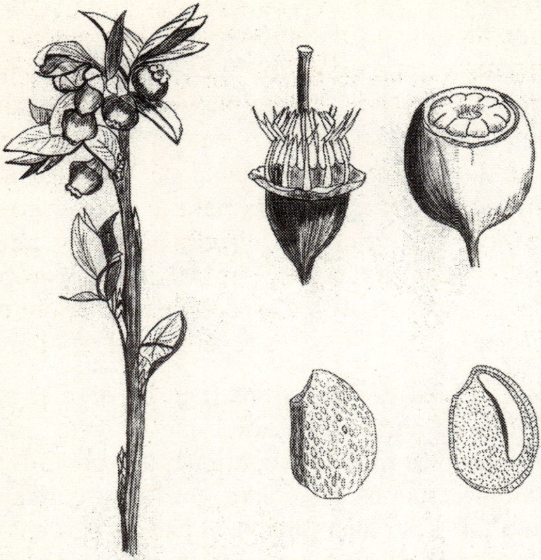

L'airelle bleue (Empetrum nigrun) *que les Inuit appellent* paornak, *ou poukouket est abondante dès la fin de l'été. Ce sont surtout les enfants qui en ramassent de grandes quantités. L'airelle n'est pas conservée. Souvent écrasée, son jus est mélangé à de la graisse de phoque pour entrer dans la composition des sauces. « C'est un régal », reconnaissent bien volontiers les Inuit. De plus, l'airelle bleue est un excellent remède contre le scorbut.*

tes compatriotes craignent tellement le froid qu'ils ne veulent pas venir chez nous, ajoute-t-elle dans un grand éclat de rire ! J'ai entendu dire que beaucoup n'imaginent même pas que l'on puisse avoir un été ! Ils pensent que nous vivons toujours dans le froid, la neige et la glace, poussant nos traîneaux. Mais aujourd'hui, nous appartenons à l'Europe et, bien évidemment, nous ne pouvons plus continuer à vivre comme nos ancêtres. Malgré les difficultés que cela a engendrées, nous avons bien été obligés d'entrer de plain-pied dans votre monde que je n'approuve pas du tout car il a accéléré notre transformation. Les choses vont beaucoup trop vite, ce qui est mis à notre disposition parfois est complètement superflu. À cause de cela, comme vous, nous devenons une société de consommation. Cet aspect des choses est très néfaste. Notre terre est pauvre et froide, nous ne produisons que peu de richesses. Alors, pour atteindre le niveau européen, nous devons être assistés. Cela n'est pas bon pour notre peuple, qui perd à la fois ses repères, son identité et la notion même de l'effort.

Aujourd'hui, beaucoup considèrent que tout est dû. Regarde vivre les hommes à Rodebay, de moins en moins partent pour la pêche. On leur distribue des vivres gratuitement, ainsi que des aliments spéciaux pour les bébés. Il en est de même pour l'assistance familiale, médicale et bien d'autres choses encore.

Les hommes s'ennuient. Ils fument, passent beaucoup de temps devant les télévisions, et boivent de l'alcool plus que de raison pour combler tous ces vides de la vie. Les hommes ne se préoccupent plus de leurs meutes de chiens, devenues inutiles pour tirer les traîneaux désormais remplacés par le scooter des neiges, objet qui, en quelques années, a conquis tout l'Arctique.

Malgré tous ces points négatifs, je reste confiante en l'avenir de mon peuple. Aujourd'hui, les enfants inuit fréquentent les écoles, ils accèdent aux études et sont capables d'être médecin, ingénieur et bien plus encore. Les qualités caractéristiques de notre race sont le courage, l'endurance, l'intelligence et l'ingéniosité, et les

Inuit savent encore les préserver, cela me rassure. Anok, mon père, disait souvent :

« Notre bonheur, c'est de ne rien désirer d'autre que ce que la nature nous offre à chaque saison. Cette nature ne peut ni se tromper, ni nous tromper. »

ÉPILOGUE

Le lendemain, nous nous sommes quittés. Laura ne laissait apparaître aucun sentiment ; en serrant longuement ses mains dans les miennes, elle répéta par deux fois en me donnant mon surnom inuit :

« Tu sais, Danou, une chose est importante : vivre et découvrir chaque matin le jour merveilleux qui se lève et la lumière qui se répand sur le monde. »

À travers ces propos, je reconnaissais bien le caractère inuit qui toujours s'oriente vers la confiance en soi, avec un optimisme un brin fataliste.

Être capable de profiter pleinement de chaque jour qui passe sans l'assombrir d'inquiétudes pour le lendemain, tel est l'enseignement que m'a légué mon amie Laura.

Le chaman inuit se transforme en phoque et voyage vers le monde sous-marin.

Crise chamanique

Extrait de Pour une psychologie du futur
de Stanilav Grof,
avec l'aimable autorisation des éditions Dervy

Comme nous l'avons vu, la carrière de nombreux chamans débute par une expérience visionnaire spectaculaire et involontaire nommée « maladie chamanique » par les anthropologues, et qui survient dans le cadre de cultures parfois très différentes.

Lors de tels épisodes, les futurs chamans se retirent habituellement de leur environnement, tant sur le plan psychologique que physique, et font de puissantes expériences holotropiques. Typiquement, ils font l'expérience d'un voyage dans le « monde souterrain », le royaume de la mort, où ils sont attaqués par des démons et exposés à des épreuves et des tortures horribles. Cette initiation douloureuse culmine en expérience de mort et de destruction suivie de renaissance, puis s'élève vers les domaines célestes.

Elle implique parfois la transformation en oiseau – aigle, oiseau tonnerre (*thunderbird*), ou condor –

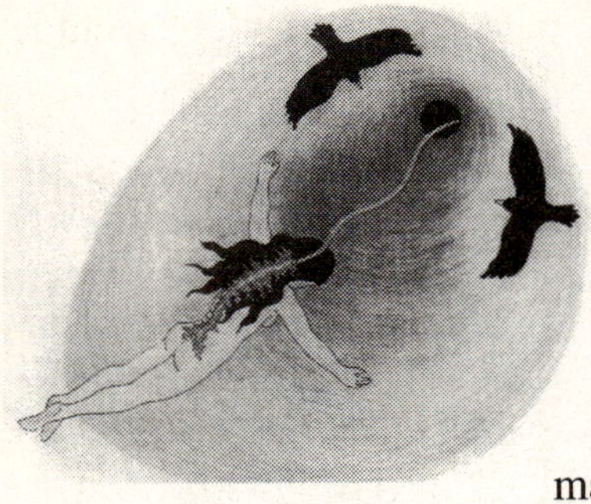

effectuant un vol vers le royaume du soleil. Le chaman novice peut aussi faire l'expérience d'être transporté par ces oiseaux vers les régions solaires. Dans certaines cultures, le thème du vol magique peut être remplacé par un voyage vers les royaumes célestes fait en escaladant l'arbre du monde, un arc-en-ciel, un mât comportant de nombreuses encoches, ou une échelle faite de flèches.

Au cours de ces voyages visionnaires plutôt ardus, les chamans novices établissent un contact très profond avec les forces de la nature et avec les animaux, à la fois sous leur forme naturelle et leur version archétypale – esprits animaux ou « animaux de pouvoir ».

Lorsque ces voyages visionnaires s'achèvent avec succès, ils peuvent être profondément bénéfiques. Dans ce processus, les chamans novices se libèrent de maladies affectives, psychosomatiques, voire physiques. Pour ces raisons, les chamans sont souvent désignés sous le nom de « guérisseurs blessés ».

Dans de nombreux cas, les initiés involontaires font l'expérience d'intuitions profondes concernant les causes énergétiques et métaphysiques des maladies, et apprennent comment soigner les autres aussi bien qu'eux-mêmes.

Après l'achèvement positif de sa crise initiatique, l'individu devient chaman et retourne à son peuple comme membre honoré et fonctionnant à part entière dans la communauté. Il, ou elle, assume pleinement le rôle de prêtre, du visionnaire, et de guérisseur.

Peintures représentant diverses expériences chamaniques vécues lors de séances de respiration holotropique.

Ci-dessus : Née de l'Ours sous la Lune Turquoise.
Page précédente : Guidée par les corbeaux vers la porte de l'espace et du temps.
Page suivante : Initiation d'appartenance à la tribu de l'Ours.

Note de l'éditeur

Chaman(e)s, hommes ou femmes médecine, sorcier(e)s, guérisseurs… Les termes ne manquent pas dans le monde des langages pour désigner ceux et celles que nous pouvons choisir, reconnaître, pour nous soigner, nous guider, nous aider à grandir, nous aimer en fait.

Le dictionnaire peut en parler ainsi : « Prêtre magicien qui pratique la transe, la divination, les soins médicaux, en relation avec une force naturelle, avec laquelle il entre en contact au travers d'un voyage mystique. Le chaman est spécifique des religions traditionnelles de l'Asie septentrionale. Par extension, le nom est donné aux sorciers de toutes les sociétés primitives. »

J'aime ce mot, il sonne bien à mes sens, et je crois qu'il comble un vide creusé depuis longtemps entre nos vocables « prêtre » et « médecin », devenus trop spécialisés, trop stérilisés, pour être encore vivants.

Les mots ne voyagent pas seuls. Le terme de « chaman » est entré dans notre langue, amenant avec lui toutes sortes de pratiques plus ou moins inspirées, et toutes les dérives possibles. Au fond, rien de bien nouveau…

J'ai choisi ce livre de Daniel Pouget pour son authenticité, sa simplicité et sa profondeur.

Si, dans ces pages, l'Esprit de l'Ours ne fait jamais l'objet de commentaires, il est constamment sous-jacent.

S'il n'est pas expliqué ici ce qu'est une chamane, il nous est donné d'en emprunter les traces toutes fraîches qui continuent, encore aujourd'hui, d'inventer leur chemin dans le Grand Nord.

Jean-Jacques ROUDIÈRE

Livres recommandés

Mon passé eskimo, par Georg Quppersimaan, chez Gallimard collection « L'aube des peuples ».

L'Homme médecine des Sioux, suivi de : ***Fools Crow.*** *Sagesse et pouvoir*, de Thomas E. Mails, Éditions du Rocher, collection « Nuage Rouge ».

Black Elk. *Les voies sacrées d'un Sioux lakota*, de Wallace Black Elk et William S. Lyon, Le Mail.

Le Théâtre de la guérison. *Une thérapie panique : la psychomagie* d'Alexandro Jodorowsky, Albin Michel.

Pour une psychologie du futur. *Transformation psychique et paix intérieure* de Stanilav Grof, chez Dervy.

Ours...
Invite-moi
dans cette caverne
où tes sages réponses
s'imprègnent
dans le silence.

Médecine de l'Ours

Introspection

Extrait de : Les Cartes-Médecine. Découvrir son animal-totem, *de Jamie Sams et David Carson, avec l'autorisation des Éditions du Roseau, Montréal, pour la traduction française.*

La force de la médecine de l'Ours réside dans sa puissance d'introspection. Cette médecine se situe à l'Ouest de la grande roue de médecine qu'est la vie. L'Ours recherche le miel, la douceur de la vérité, dans le creux d'un arbre. En hiver, alors que la reine des neiges règne et marque de mort la face de la terre, l'Ours hiberne. Il entre dans la caverne-matrice pour y digérer les expériences de l'année qui vient de finir. On dit que nos buts résident aussi à l'Ouest. Afin de réaliser les buts et les rêves qui nous animent, il faut absolument s'adonner à l'introspection.

Pour imiter l'Ours et chercher refuge dans la sécurité de la caverne-matrice, nous devons harmoniser nos énergies avec celles de la Mère éternelle et nous alimenter au placenta du Grand Vide. Le Grand Vide, c'est l'endroit où toutes les solutions et les réponses vivent en harmonie avec les questions qui accompagnent nos réalités. Si nous choisissons de croire que la vie suscite de nombreuses questions, il nous faut aussi croire que les réponses habitent en nous. Chaque être détient la capacité de faire le calme, d'entrer dans le silence et de *savoir*.

Dans plusieurs tribus, cet espace du savoir intérieur se nomme la loge du Rêve : là où la mort de l'illusion de la réalité physique recouvre l'étendue vaste et abondante de l'éternité. C'est dans cette loge du Rêve que nos ancêtres logent au Conseil et nous renseignent sur tous les chemins possibles qui peuvent mener à nos buts. Voilà le pouvoir de l'Ours.

Depuis des siècles, l'énergie réceptive féminine, issue de celle de l'Ours, a permis aux visionnaires, aux mystiques et aux chamans de prophétiser. En Inde, on parle de la caverne de Brahmâ, ce qui est en fait la glande pinéale (l'épiphyse) au centre des quatre lobes du cerveau. Si on imagine le dessus de la tête, on voit un cercle où le front est au Sud, l'arrière du crâne au Nord, le cerveau droit à l'Ouest et le cerveau gauche à l'Est.

L'Ours est à l'Ouest, le côté intuitif qui loge dans le cerveau droit. Pour hiberner, l'Ours voyage vers la caverne au centre des quatre lobes où se situe la glande pinéale. Dans cette grotte, l'Ours rêve tout l'hiver pour trouver réponse à ses questions et il réapparaît au printemps, avec l'éclosion des fleurs.

Depuis des temps immémoriaux, tous les chercheurs de rêves et de vision ont fait taire les bavardages intérieurs pour cheminer en silence et atteindre le lieu des rites de passage – le canal de la glande pinéale. De la caverne de l'Ours, vous pouvez prendre la route vers la loge du Rêve et vers les autres instances de l'imagination et de la conscience. Par cette carte de l'Ours, la puissance de *savoir* vous invite à entrer dans le silence et à faire connaissance avec la loge du Rêve afin que vos buts se concrétisent. Voilà la force de l'Ours.

À l'envers :

Si vous avez tiré l'Ours à l'envers, le bourdonnement intérieur de vos pensées brouille peut-être la perception de vos buts. Par votre recherche de réponses toutes faites, vous avez dû mettre de côté vos propres sentiments et votre propre savoir. Le temps est venu de prendre les choses en main puisque vous savez mieux que tout autre ce qui est opportun pour votre évolution. Recouvrez votre puissance de savoir. Cherchez la joie dans le silence et la richesse dans les entrailles de la mère. Laissez disparaître les idées confuses à mesure que la clarté émerge de l'Ouest, nourrissez vos rêves à mesure que la Terre-Mère nous nourrit tous.

L'Ours en sens contraire vous enseigne que vous seul, en tant que votre propre conseiller, pouvez atteindre vos buts. Vous vous devez d'accomplir ce qui vous apporte le plus de joie ; tout le reste n'est qu'abnégation et rejet.

Pour atteindre le bonheur, vous devez d'abord vous connaître. Cela veut dire connaître votre corps, votre intellect et votre esprit. Utilisez votre force pour dépasser vos faiblesses sans oublier que force et faiblesse sont nécessaires à votre évolution.

Voyagez avec l'Ours vers la tranquillité de la caverne et hibernez en silence. Rêvez et appropriez-vous vos rêves. Vous aurez alors la force nécessaire pour découvrir le miel qui se cache dans l'Arbre de Vie.

Table

Remerciements de l'éditeur

À ma compagne Claudie Léger,
pour la rencontre avec Daniel Pouget
et son aide précieuse à la réalisation de ce livre.

À Jean-Louis Orengo qui nous a aimablement
prêté le moulage de l'empreinte antérieure
d'un ours brun des Pyrénées.
Vous pouvez visiter son site internet :
www.orengo.ifrance.com
ou mieux, son site en nature, dédié à la trace :
Model'Nature 09190 Saint-Lizier
Tél. : 05.61.66.25.83

Pérégrinations intérieures

(Pocket n° 12439)

Après une initiation chez les chamanes d'Amazonie, c'est en Mongolie que Corine Sombrun poursuit son expérience. Recueillie par la famille d'Enkhetuya, chamane chargée de son éducation, elle va apprendre – outre les rituels – la résistance au froid, la maîtrise du feu, et la garde des rennes.
Deux années d'une totale immersion au sein d'une tribu chamanique, entre modernisme et pratiques ancestrales, qui ont fait d'elle le témoin d'une existence sans artifices grâce à laquelle il est possible de suivre son propre chemin.

Il y a toujours un Pocket à découvrir

Rencontre au cœur de soi-même

(Pocket n° 11829)

Suite à un deuil douloureux, une jeune française, musicienne à Londres, se laisse convaincre par un chaman péruvien de le suivre en Amazonie pour profiter de la sagesse ancestrale de son peuple.
Corine Sombrun fait un récit plein d'humour de ce voyage initiatique où elle doit se soumettre à la diète et à l'isolement.
Cette recherche spirituelle, qui lui fait prendre conscience de ses peurs et lui apprend à les maîtriser, doit l'amener à découvrir sa musique intérieure, unique porte vers le bonheur…

Il y a toujours un Pocket à découvrir

Mise en pages
PCA à Rezé

Impression réalisée sur Presse Offset par

CPI
Brodard & Taupin

40933 – La Flèche (Sarthe), le 22-03-2007
Dépôt légal : avril 2006
Suite du premier tirage : mars 2007

POCKET – 12, avenue d'Italie - 75627 Paris cedex 13

Imprimé en France